Michael Krippner

Multimedia

Die Technik für vernetzte Projekte

Michael Krippner

Multimedia

Die Technik für vernetzte Projekte

Diplom.de

Bibliografische Information der Deutschen Nationalbibliothek:

Bibliografische Information der Deutschen Nationalbibliothek: Die Deutsche
Bibliothek verzeichnet diese Publikation in der Deutschen Nationalbibliografie;
detaillierte bibliografische Daten sind im Internet über http://dnb.d-nb.de/ abrufbar.

Copyright © 1996 Diplomica Verlag GmbH
Druck und Bindung: Books on Demand GmbH, Norderstedt Germany
ISBN: 978-3-8386-3380-0

http://www.diplom.de/e-book/219056/multimedia

Michael Krippner

Multimedia
Die Technik für vernetzte Projekte

Diplomarbeit
an der Hochschule für Technik Esslingen (FH)
Fachbereich Nachrichtentechnik
Lehrstuhl für Prof. Dr.-Ing. Reinhard Schmidt
Juni 1996 Abgabe

Diplom.de

Diplomica GmbH
Hermannstal 119k
22119 Hamburg

Fon: 040 / 655 99 20
Fax: 040 / 655 99 222

agentur@diplom.de
www.diplom.de

ID 3380

ID 3380
Krippner, Michael: Multimedia: Die Technik für vernetzte Projekte / Michael Krippner ·
Hamburg: Diplomica GmbH, 2001
Zugl.: Esslingen, Fachhochschule, Diplom, 1996

Diplomica GmbH
http://www.diplom.de, Hamburg 2001
Printed in Germany

Wissensquellen gewinnbringend nutzen

Qualität, Praxisrelevanz und Aktualität zeichnen unsere Studien aus. Wir bieten Ihnen im Auftrag unserer Autorinnen und Autoren Wirtschaftsstudien und wissenschaftliche Abschlussarbeiten – Dissertationen, Diplomarbeiten, Magisterarbeiten, Staatsexamensarbeiten und Studienarbeiten zum Kauf. Sie wurden an deutschen Universitäten, Fachhochschulen, Akademien oder vergleichbaren Institutionen der Europäischen Union geschrieben. Der Notendurchschnitt liegt bei 1,5.

Wettbewerbsvorteile verschaffen – Vergleichen Sie den Preis unserer Studien mit den Honoraren externer Berater. Um dieses Wissen selbst zusammenzutragen, müssten Sie viel Zeit und Geld aufbringen.

http://www.diplom.de bietet Ihnen unser vollständiges Lieferprogramm mit mehreren tausend Studien im Internet. Neben dem Online-Katalog und der Online-Suchmaschine für Ihre Recherche steht Ihnen auch eine Online-Bestellfunktion zur Verfügung. Inhaltliche Zusammenfassungen und Inhaltsverzeichnisse zu jeder Studie sind im Internet einsehbar.

Individueller Service – Gerne senden wir Ihnen auch unseren Papierkatalog zu. Bitte fordern Sie Ihr individuelles Exemplar bei uns an. Für Fragen, Anregungen und individuelle Anfragen stehen wir Ihnen gerne zur Verfügung. Wir freuen uns auf eine gute Zusammenarbeit.

Ihr Team der Diplomarbeiten Agentur

Diplomica GmbH
Hermannstal 119 k
22119 Hamburg

Fon: 040 / 655 99 20
Fax: 040 / 655 99 222

agentur@diplom.de
www.diplom.de

Hinweis: Diese Diplomarbeit ist keine reine Programmbeschreibung. Jede/r Multimediainteressierte erhält hier eine aktuelle Übersicht über Multimedia und findet viele Tips und Informationen zum Umgang mit den verschiedensten Multimedia-Applikationen.

Inhaltsverzeichnis

Eidesstattliche Erklärung

Diese Diplomarbeit wurde in der Zeit vom 12. Februar 1996 - 14. Juni 1996 an der Fachhochschule für Technik Esslingen im Fachbereich Nachrichtentechnik erstellt. Hiermit versichere ich, daß ich die vorliegende Arbeit selbständig und nur unter Verwendung der angegebenen Literatur angefertigt habe.

Esslingen, den 14. Juni 1996

Literaturverzeichnis

MPower Manual und Communique! Manual

[1] Hewlett Packard Journal, April 1994, Seite 72

[2] Zeitschriften Funkschau, 5/95, 12/95, 20/95, 26/95, 2/96, 8/96, 10/96

[3] Bernd Heinrichs, Multimedia im Netz
     Springer-Verlag Berlin Heidelberg New York 1996
     ISBN 3-540-58349-1

[4] Othmar Kyas, ATM-Netzwerke
     Datacom-Buchverlag 1996
     ISBN 3-89238-144-5

[5] Prof. Dr.-Ing. Reinhard Schmidt
     Grundlagen der Multimedia-Technologie und Virtuellen Realität,
     Skriptum zur Vorlesung an der Fachhochschule für Technik Esslingen
     Version März 1996

[6] Manfred Siemoneit
     MULTIMEDIA - Präsentationen planen, gestalten, durchführen
     Addison-Wesley-Verlag, 1995
     ISBN 3-89919-763-2

[7] Zeitschriften Production Partner 5/94 und c't 3/96

[8] Zeitschrift NET 3/96

[9] Zeitschriften c't 9/95, 10/95, 1/96

[10] Wolfgang Müller, Interaktive Medien im professionellen Einsatz
     Addison-Wesley-Verlag 1995
     ISBN 3-89319-895-4

[11] Teufel, Sauter, Mühlherr und Bauknecht
     Computerunterstützung für die Gruppenarbeit, CSCW
     Addison-Wesley-Verlag, 1995
     ISBN 3-89319-878-4

[12] Karriere Führer special, Multimedia + Telekommunikation
     Ausgabe 1995
     ISBN 3-931-400-00-X

[13] Burda Anzeigen-Marktforschung
     Studie über die Zukunft der Medien und die Zukunft der Werbung
     Ergebnisse u.a. im Juni 1996 über WorldWideWeb veröffentlicht

[14] Zeitschriften Spiegel special 3/96 und Spiegel 11/96

Alle Bilder ohne Bildquellenhinweis sind selbst aufgenommene oder selbst "abfotografierte" Bildschirmdarstellungen der Software MPower von Hewlett Packard und Communique! der Firma InSoft.

[I]   Inneneinrichtung BMW, aus der Zeitschrift ATZ 11/95, S. 326

[II]   Bildkommunikation 1987 und 1996, Fotos von Telekom und Siemens

[III]   Renault Fahrgestell, aus der Zeitschrift Sonderausgabe ATZ: Leichtmetalle im Automobilbau 95/96, S. 56

[IV]   Mitwirkung verschiedener Industriezweige bei Multimedia, aus der Zeitschrift NET 3/96, S. 24

[V]   Übersicht Online-Provider aus den VDI-Nachrichten vom 08.03.1996

[VI]   Einfluß von Internet auf unser Leben, aus der Zeitschrift Spiegel 11/96, S. 84

[VII]   http://www.parallax.com

1. Einführung Multimedia

Multimedia (MM) ist aus unserem täglichen Leben nicht mehr wegzudenken. Viele Menschen arbeiten schon lange mit Multimedia und wissen es gar nicht. Die Technik hinter Multimedia gibt es schon lange. Multimedia ist einfach eine neue Wortschöpfung für die gleichzeitige Nutzung dieser Techniken.

"**Multi**" ist eine lateinische Vorsilbe und heißt soviel wie "viel" oder "vielfach". Der Begriff "Medium", Mehrzahl "**Media**", kommt ebenfalls aus der lateinischen Sprache und bedeutet allgemein "Mittel" oder "Mittler". Umgesetzt auf Kommunikation heißt Medium soviel wie Mittel, Weg oder Organisation zur Vermittlung von Nachrichten, Wissen oder Unterhaltung. Medien im Sinne von Multimedia sind das gesprochene oder geschriebene Wort, das Bild in allen Formen und die Musik bzw. Audio.

Kommunikation mit Multimedia ist dann realisiert, wenn mehr als eins von den genannten Medien benutzt worden ist. So gesehen betreibt ein Künstler mit Gitarrenspiel und Gesang bereits Multimedia, nämlich mit Worten und Musik. Das Ziel aller Formen von Multimedia besteht darin, Sachverhalte anschaulich zu vermitteln.

Beim **Linearen Multimedia** wird der Kommunikationspartner aufgefordert, die Darstellungen mit zu verfolgen, ohne die Möglichkeit das Dargebotene direkt nachvollziehen zu können. Von einem Informationsangebot, daß nur gelesen wird, bleiben etwa 10% im Gedächtnis, 20% vom reinem Zuhören, 30% vom nur Sehen und 50% vom Sehen und Hören. Beim **interaktiven Multimedia** werden die meisten menschliche Sinne angesprochen, und Informationen werden durch Hören, Sehen und **Mitarbeit** bis zu 80 % aufgenommen.

Bereiche der Nutzung dieser integrierten Form aller genannten Kommunikationsmittel sind zum Beispiel, Aus- und Weiterbildung, Werbung, Unterhaltung, Archive und Kataloge, Bedienungs- und Reparaturanleitungen, Informationen über Verkehrswege, Messen, Ausstellungen oder Museen.

Das interaktive Multimedia wurde erst mit der Entwicklung moderner Rechner- und Speichertechnik (wie die CD) ermöglicht. Dabei sind die Produktionskosten für eine CD-I (CD-Interaktiv), im Gegensatz zu einer CD- ROM (Read Only Memory, z.B. für Bestellkataloge), sehr hoch. Zur Zeit faßt eine CD rund 500.000 Schreibmaschinenseiten. Neben dem Rechner mit Peripherie wie Scanner, Fax, Videokamera, Aktivlautsprecher, ISDN-Einschubkarte gehört auch die Kenntnis und der Umgang mit umfangreichen Softwareprogrammen zu Multimedia.
[6], [8]

Technisch gesehen ist Multimedia die digitale Verarbeitung, Kommunikation und integrierte Nutzung von so unterschiedlichen Medien wie Audio, Video, Graphik, Bild, Text und Daten. Karl-Heinz Stiller, Mitglied der Geschäftsführung bei Siemens Nixdorf Informationssysteme (SNI) sieht Multimedia als technologische Zugabe: "Multimedia ist keine eigene neue Welt, sondern eine zusätzliche Dimension in den zusammenwachsenden Welten der Telekommunikation, der Informations- und Datenverarbeitung, sowie der Unterhaltungs- und Medienindustrie". Diese Verknüpfungen lassen sich noch mal anhand einer Graphik nachvollziehen:

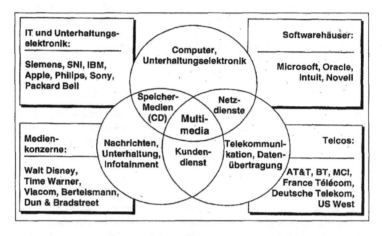

An Multimedia beteiligen sich die Hersteller von IT (Informationstechnik) und Unterhaltungselektronik, Medienkonzerne, Softwarehäuser und Telekommunikationsunternehmen, Bildquelle [IV]

Nach dieser Einführung werden in Kapitel 2 benötigte Hardwarekonfigurationen für die Arbeit mit Multimedia erläutert, und in Kapitel 3 eine Beschreibung von der verwendeten Software. Kapitel 4 stellt verschiedene Applikationen vor, die eine Multimedia-Workstation bietet, um z.B. ein Informationssystem aufzubauen. Speziell über das Thema Videokonferenzen handelt das Kapitel 5.

Die technische Seite von Multimedia, wie bestimmte Formate, verschiedene Netze, Bildschirmansprüche und auch Bandbreitenbedarf bei Multimedia, sowie Präsentations- und Autorenprogramme, wird in Kapitel 6 beleuchtet. Kapitel 7 zeigt nach dem technischen Hintergrund viele Anwendungen für Multimedia auf, und Kapitel 8 macht deutlich, daß die Zukunft ohne Multimedia nicht auskommt.

2. Hardware

Microsoft und andere führende Hard- und Softwareanbieter der IBM-PC-Welt haben 1988 gemeinsam einen Standard für die Mindestausstattung eines multimedia-fähigen PC's (MPC) spezifiziert. Mittlerweile wurden die Mindestanforderungen angehoben und der MPC-2-Standard definiert. Der MPC-2 sieht folgende PC-Ausstattung vor:

-   INTEL 486-Prozessor

-   4 Megabyte Arbeitsspeicher

-   160 Megabyte Plattenspeicher

-   SVGA-Graphikkarte mit einer Farbtiefe von 16 Bit und einer Auflösung von 640 x 480 Bildpunkten (Pixel)

-   16-Bit Soundkarte

-   MIDI-Schnittstelle

-   CD-ROM/XA-Laufwerk mit einer Datentransferrate von 300 Kilobyte pro Sekunde (Double-Speed), sowie Multisession- und Foto-CD-Fähigkeit

-   Windows und Multimedia-Erweiterungs-Kit

Der MPC-2-Standard betrachtet den PC als Einzelplatzsystem, das keinen Zugang zu einem Kommunikationsnetz besitzt. Das CD-ROM-Laufwerk ist die hauptsächliche Informationsquelle.

Bei professionellen Multimedia-Anwendungen stellt man dagegen weit höhere Anforderungen an die Leistung des Computers. Man spricht hier von den vier G's, "GGGG", die eine Multimedia-Workstation besitzen muß. Die vier G's bedeuten folgende Ausstattung:

-   1 Gigabyte Arbeitsspeicher

-   1 Gigaoperation pro Sekunde

-   1 Gigabyte Plattenspeicher

-   1 Gigabit pro Sekunde Übertragungsrate
[5]

In den folgenden vier Kapiteln möchte ich die Hardware und die Software erläutern, die mir bei meiner Diplomarbeit über Multimedia von der Fachhochschule für Technik in Esslingen zur Verfügung gestellt wurde.

2.1. Workstation, Kamera und Boxen

Es standen mehrere Unix-Workstations der Firma Hewlett Packard mit der
Bezeichnung HP 715/64 zur Verfügung. Diese Workstations werden mit 64 MHz
getaktet und besitzen 128 MB RAM, sowie 1 GB Plattenspeicher. Die Workstations
sind über das Ethernet-LAN der Hochschule miteinander verbunden.

Der Name der benutzten Kameras ist FLEXCAM. Sie werden von der Firma
VIDEOLABS verkauft. Diese Kamera besitzt einen "Schwanenhals", so daß man sie
als Personenkamera, und auch als Dokumentenkamera verwenden kann. Wenn
man einen Vertrag auf dem Tisch liegen hat, biegt man den Kamerakopf einfach um
90 Grad nach unten. Die Bildschärfe läßt sich durch Drehen an der Linse einstellen.
Es ist zusätzlich für Videokonferenzen ein Mikrofon eingebaut. Die FLEXCAM liefert
Livebilder in der PAL- und NTSC-Norm.

Als Multimedia Speaker System standen die Aktivlautsprecher SK-A10 der Firma
CONCH neben den Workstations. Diese Lautsprecher haben einen kleinen
Verstärker eingebaut (Leistung unbekannt). Damit lassen sie sich an den
Kopfhörerausgang der Workstation anschließen und verstärken den Ton
ausreichend. Die Lautsprecher arbeiten in einem Frequenzbereich von 20 Hz bis 20
kHz mit einem Klirrfaktor von 0,1 %. Neben der Lautstärke lassen sich auch Höhen
bzw. Tiefen einstellen.

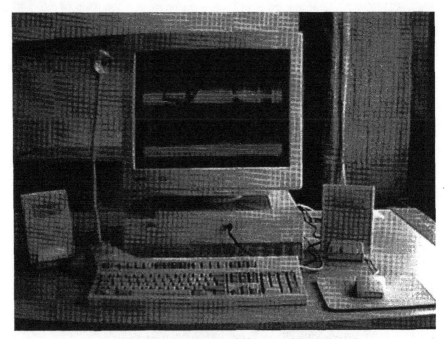

Eine der HP 715/64 - Workstations mit Kamera und Aktivlautsprecher

2.2. Videokarte

Videokarten finden heute in den unterschiedlichsten Bereichen Anwendung. Neben ihrem Einsatz zur Erstellung digitaler Videoclips für Schulungszwecke oder Präsentationen ist die Darstellung von Live-Video oder Video-On-Demand ein immer größeres Thema. Live-Video ermöglicht dem Anwender, parallel zu laufenden Applikationen Nachrichtensendungen mit zu verfolgen. Über Video-On-Demand kann auf Videoaufzeichnungen, die auf einem Videoserver abgelegt sind, über das Netzwerk individuell zugegriffen werden.

Die Workstations haben eine Videokarte
der Firma Parallax Graphics, Inc. (USA) integriert.
Ihr Name lautet PowerVideo 700 Board und hat
die Bezeichnung PV700-002.

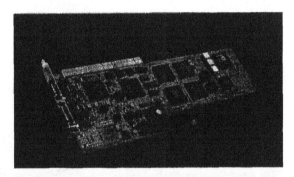

Parallax PowerVideo 700 Board,
Bildquelle [VII]

Die Videokarte bietet folgende Features:

- 24 Bit EISA-Bus-Videokarte mit 16,8 Millionen Farben
- maximale Auflösung von 1280 x 1024 Bildpunkten (Pixel)
- maximale Bildwiederholrate von 76 Hz
- Die Darstellung der Videos erfolgt mit der vollen PAL-Videogröße von 768 x 576 Pixel bei einer Bildwiederholrate von 25 Bilder pro Sekunde
- zwei Composite Videoeingänge (PAL, SECAM oder NTSC)
- ein S-VHS Videoeingang
- ein Composite Ausgang
- JPEG-Codec: um das Verhältnis von Videoqualität zu Speicherbedarf zu optimieren, kann der Kompressionsfaktor zwischen 20:1 und 100:1 variiert werden, ohne daß der eigene Rechnerprozessor voll belastet wird
- Treibersoftware und MovieTool für HP-Workstations

Parallax bietet freien technischen Support in Virginia und California an. Das PV700-002 PowerVideo 700 Board der Firma Parallax Graphics, Inc. wird in Deutschland von Hewlett Packard vertrieben und supported. Laut Katalog kostete dieses Board im Herbst 1995 DM 16.000,- + MwSt.

3. Software

3.1. MPower

Freie Übersetzung aus dem Manual:

" HP MPower unterstützt Sie auf elektronischem Wege bei der Kommunikation mit Ihren Mitarbeitern und vereinfacht Ihre Zusammenarbeit an Projekten."

Die Software MPower V2.0 der Firma Hewlett Packard bildet die Multimedia-Umgebung auf der Workstation. Sie könnte als Unix-Betriebssystem mit integrierten Multimedia-Darstellungserweiterungen gesehen werden. Auf der Bildschirmoberfläche erscheint nach dem Anschalten an der unteren Bildschirmkante folgende (hier etwas gestauchte) Menüleiste:

Hier kann man mit einem einfachen Mausklick auf ein Symbol (Icon) die gewünschte Applikation öffnen. Von links nach rechts betrachtet hat man die aktuelle Uhrzeit, sowie Datum und Wochentaganzeige und die Möglichkeit, neben der Öffnung des "Multimedia-Gerät" (Menü), die Bildschirmoberfläche individuell zu gestalten, sowie den Zugriff auf Hilfedateien bzw. Manuals. Rechts von den vier Knöpfen, die zur Wahl einer vorher anders programmierten Bildschirmoberfläche dienen, befindet sich das Druckermenü, die Multimedia-Mail-Funktion, der File-Manager (zur Verzeichnis- und Dokumentenübersicht), sowie eine Toolbox für generelle und individuelle Voreinstellungen (z.B. für die Paßwortänderung), und dem "Papierkorb", in den man unbrauchbare Dokumente zum Löschen "werfen" kann (Drag & Drop).

Ganz unten kann man mit den Minisymbolen den Bildschirm sperren, die Auswahlknöpfe benennen, einen neuen X-Term bzw. hpterm zur Befehlseingabe oder einen Texteditor aufrufen. Die Audiolautstärke läßt sich nach dem Klick auf das Lautsprecher-Minisymbol einstellen.

Mit dem Mausklick auf das Multimedia-Gerät-Icon öffnet sich eine neue Menüleiste:

Hier lassen sich auch mit einfachem Mausklick die Multimedia-Applikationen (von oben nach unten betrachtet) **Fax, Scanner, Image, Audio**, Videoverzeichnis mit mehreren **Video**applikationen, **Capture, Whiteboard** und **SharedX** öffnen. Diese Applikationen werden fast alle im -> Kapitel 4. Applikationen detailliert erläutert. MPower ist auf die Parallax Videokarte von Hause aus abgestimmt und arbeitet mit Communique! der Firma InSoft zusammen.

3.2. Communique!

Freie Übersetzung aus
dem Manual:

" Communique! integriert
digitale Echtzeitvideo-
Technologie mit voll
interaktiven
Konferenzwerkzeugen."

Die Software Communique!, Version 4.1 für Unix wird von der Firma InSoft, Inc. (Pennsylvania, USA) verkauft. InSoft bezeichnete sich selbst im Oktober 1995 als weltweit führende Firma für Softwarelösungen in der LAN/WAN-basierten Echtzeitkommunikation. Das bedeutet, Communique! ist vor allem ein **Videokonferenzsystem** mit zusätzlich integrierten Multimedia-Applikationen. Da wären das **GraphicTool**, das **Whiteboard**, das **ChatTool**, das **TextTool**, das **InformationExchangeTool**, **SHARE**, sowie **Audio-** und **TV Tool** zu nennen.

Als Peripherie schlägt InSoft für Communique! bei einem Unix-System folgendes vor:

- minimal 16 MB RAM, besser wären 32 MB
- 10-15 MB freier, temporär belegbarer Speicherplatz
- einen mindestens 15"-Monitor

Communique! richtet sich voll nach den ITU-Standards, z.B. H.320 (ITU - International Telecom Union). Die Software läuft im LAN-Bereich (Local Area Network) über Ethernet, FDDI, Token Ring, ATM und TCP/IP. Im WAN-Bereich (Wide Area Network) soll die Übertragung mittels ATM, Frame Relay, T1 oder DS-3, ISDN, SMDS und Switched 56 mit Communique! funktionieren. Es wird von der Parallax Videokarte unterstützt und arbeitet mit MPower zusammen. Je nach Videokarte unterstützt Communique! simultan verschiedene Video-Codecs wie JPEG, CellB, Indeo, H.320 und DVE2.

Im Oktober 1995 kostete eine Lizenz, für die Benutzung an einer Workstation, ca. DM 4500,- (inkl. MwSt.).

4. Applikationen

In diesem Kapitel werden verschiedenen Multimediadienste und -anwendungen illustriert, mit denen man Text, Graphiken, Bilder, Audio, Video und generell Daten betrachten, bearbeiten, speichern und ausgeben kann.

- Für die Betrachtung von Graphiken und Bildern stehen **Image** und **GraphicTool** zur Verfügung.

- Um diese statischen Bilder zu bearbeiten, benutzt man die **Whiteboard**- und **Capture**funktion.

- Eine direkte textliche Kommunikation zwischen zwei Personen ist über **ChatTool** und **TextTool** möglich.

- Für die elektronische Versendung von größeren Datenmengen, wie Graphiken oder Video eignen sich **Multimedia-Mail** und **InformationExchangeTool**.

- Wenn mehrere Personen an unterschiedlichen Orten, zur gleichen Zeit, mit ein und demselben Programm arbeiten wollen, kommt die Benutzung von **SharedX** bzw. **SHARE** in Frage.

- **Audio** und **AudioTool** bieten die Möglichkeit zur direkter akustischer Kommunikation, sowie zur Aufnahme, Bearbeitung und Speicherung von Audiodaten.

- Verschiedene **Video**applikationen lassen bei der Betrachtung und Bearbeitung von Videosequenzen so gut wie keine Wünsche offen.

- Wer per **Videokonferenz** kommuniziert, hat eine der gegenwärtigen Höhepunkte von Multimedia erreicht. Neben der direkten Bild- und Audiokommunikation können alle bisher beschriebenen Applikationen parallel zur Unterstützung des aktuellen Themas eingesetzt werden.

Inzwischen gibt es eine Reihe von Multimedia-Anwendungen, die zum Teil in verschiedenen Pilotprojekten erprobt werden. Über einige Möglichkeiten für den Einsatz von Multimedia können Sie sich im -> Kapitel 7. Anwendungen informieren.

4.1. Image / GraphicTool

 Image

MPower

 GraphicTool

Communique!

4.1.1. Kurzbeschreibung

Mit der Image/GraphicTool-Funktion können Bilder oder Graphiken in allen gängigen Formaten betrachtet, abgespeichert oder gedruckt werden. So kann man auf elektronischem Wege, um Papier und Zeit zu sparen, das Foto der Jüngsten, oder für den Kunden eine Produktinformation verschicken.

4.1.2. Funktion

Die Applikation läßt sich durch einen Mausklick auf das betreffende Icon starten, oder durch Doppelklick auf das Dokument. Dadurch wird automatisch die Applikation geöffnet und sofort das gewünschte Bild dargestellt. Das geöffnete Fenster paßt sich dem Größenformat des Bildes an. Wenn man die Fenstergröße verändert, kann man im Menü auswählen, ob sich das Bild dem Rahmen anpassen soll, oder nicht. Die Bilder können im Prinzip nur betrachtet werden, es besteht keine Möglichkeit sie graphisch zu verändern. Für diesen Zweck steht die Applikation Whiteboard -> Kapitel 4.2. Whiteboard/Capture zur Verfügung. Folgende Bildformate lassen sich ansehen, und wenn gewünscht, in einem anderen Format wieder abspeichern:

MPower	Communique!
TIFF LZW	BMP
TIFF JPEG	Encapsulated PS
TIFF CCITT/G4	GIF
TIFF CCITT/G3	JPEG/JFIF
TIFF G3	PCX
TIFF Packbits	SGI
TIFF uncompressed	SunRaster
JFIF	TARGA
XBM	TIFF
XWD	XWD

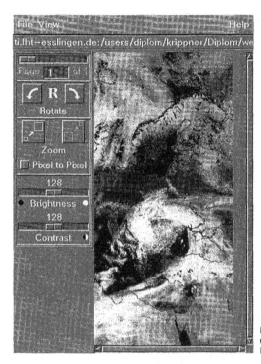

Image-Fenster von MPower
mit einer geöffneten Datei, aktuell per Satellit:
Die Wetterlage vom 16.04.96, 11:32 Uhr

Die Größe einer solchen Bilddatei sollte man nicht unterschätzen. Das obige Bild ist
im TIFF-uncompressed-Format eingefügt und nimmt den Speicherplatz von 781 KB
ein! Diese Daten sind besonders beim Versenden über ein Netzwerk wichtig (Dauer,
Übertragungsfehler, Kosten) -> Kapitel 4.5. Multimedia-Mail.

Bei der Image-Applikation von MPower ist es möglich das Bild in 90°-Schritten nach
beiden Seiten zu drehen (Rotate). Man kann das Bild also auch auf den Kopf drehen
und so herum ausdrucken. Zudem läßt sich die Helligkeit (Brightness) und der
Kontrast (Contrast) verändern. Die Einstellwerte liegen bei beiden Parametern
zwischen 1 und 255, der Defaultwert ist 128. Bei der Darstellung kann zwischen
UseImageColors und UseSharedColors gewählt werden. Bei UseImageColors wird
mehr Wert auf schöne Farben gelegt, bei UseSharedColors wird das Bild in einer
schärferen Auflösung dargestellt.

Außer Bildern und Graphiken läßt sich auch ein Album öffnen. Ein Album besteht
aus mehreren, einzeln aufgenommenen Images, die sich nacheinander durch
Verschieben des Page-Reglers anzeigen lassen, wie beim Blättern in einem
richtigen Fotoalbum. Diese Funktion könnte man auch als "manuell gesteuerte
Diaschau" bezeichnen. Erstellt wird ein Album mit der Applikation VideoLive
-> Kapitel 4.8.2.2. VideoLive.

Die Zoomfunktion bei der Image-Applikation von MPower bietet nur die Wahl zwischen Originalgröße und einer Darstellung in doppelter Bildgröße, realisiert durch Pixelverdopplung. Beim GraphicTool von Communique! läßt sich neben der Originalgröße sowohl ins Bild hineinzoomen, im Verhältnis 1:8, 1:4, 1:2, als auch aus dem Bild herauszoomen, im Verhältnis 8:1, 4:1 und 2:1.

Eine zusätzliche Option ist Compress. Sie komprimiert das Bild bevor man es zum Videokonferenzpartner senden möchte. Dort wird es automatisch dekomprimiert. Über das Codec-Verfahren macht Communique! keinerlei Angaben.

Bei Communique! ist eine Capture-Funktion im GraphicTool mit integriert, zusätzlich zur Capture-Funktion im Whiteboard. Da beide Features sehr ähnliche Bedienung verlangen, wird Capture im -> Kapitel 4.2. Whiteboard/Capture erläutert.

4.1.3. Praxistauglichkeit

In der Regel können beide Programme die häufig benutzten Formate (aus Kompatibilitätsgründen) TIF, GIF und JPG anzeigen. Nur bei MPower mißlang manchmal das Vorhaben, ein Image anzuzeigen. Um auszuschließen, daß der Imagefile einen Schaden hat, wurde die gleiche Datei in anderen Programmen ohne Probleme geöffnet. Ein Vorgang, den beide Applikationen nicht durchführen können, ist, daß sie keine Postscript-Files darstellen, obwohl dies zumindest bei MPower laut Manual möglich sein soll. Statt dessen erscheint ein Fenster mit der Fehlermeldung:

Image View Error: PS converter not found
You must install Shared Print in order to display ps-files

Eine Überprüfung dieses Hinweises war relativ einfach, da die Printoption funktioniert. Dies kann sie nur, wenn Shared Print installiert ist. Der Fehler tritt bei allen Workstations auf, so daß davon auszugehen ist, daß er nicht im Betriebssystem zu suchen ist.

Überhaupt sind die Konvertierungsmöglichkeiten bei beiden Applikationen sehr dürftig. Um schnell und unproblematisch bestimmte Formate für verschiedene Dokumente oder Betriebssysteme zu erstellen, eignet sich das Programm XV, Version 3.10a by John Bradley, welches auch in der Lage ist, Postscript-Files anzuzeigen. Dieses Format ist deshalb wichtig, da die meisten Laserdrucker an der Fachhochschule Esslingen, und nicht nur da, auf dieses Bildformat eingestellt sind, und eine Umstellung mit sehr viel Aufwand verbunden wäre.

Die Image/GraphicTool - Applikation findet man heute in jedem PC. Sie ist eher eine Selbstverständlichkeit als **das** MultimediaTool. Trotzdem macht sie Sinn, da sie sich automatisch öffnet, wenn man durch einen Doppelklick auf das Symbol des Imagefiles, diesen sehr schnell dargestellt bekommt. Es muß kein, größeres, aufwendigeres Programm gestartet werden. Wem das alleinige Betrachten des Bildes nicht reicht, kann das Bild im Whiteboard aufrufen, um es dort zu bearbeiten -> Kapitel 4.2 Whiteboard/Capture.

4.2. Whiteboard / Capture

   MPower

  Communique!

4.2.1. Kurzbeschreibung

Das Whiteboard bietet die Möglichkeit, Graphiken und Bilder graphisch zu verändern. Diese Funktion ist im Zusammenhang mit der Share-Applikation, bzw. in einer Videokonferenz sehr interessant. Zwei Mitarbeiter, die sich an zwei verschiedenen Orten befinden, können gleichzeitig z.B. an einer Konstruktionszeichnung arbeiten. Objekte sind beliebig veränderbar und können mit Text versehen werden. Die Capture-Funktion entspricht einem "ScreenDump". Mit ihr hat man die Möglichkeit, die augenblickliche Bildschirmanzeige als eigenes Image zu speichern und bei Bedarf wieder auf den Bildschirm zurückzuholen. Die meisten Graphiken in dieser Diplomarbeit sind auf diesem Wege entstanden.

4.2.2. Funktion
4.2.2.1. Whiteboard

Alle gängigen Bildformate (TIF, GIF, JPG) lassen sich im Whiteboard öffnen und bearbeiten. Nach der Bearbeitung können die Bilder in folgenden Formaten abgespeichert werden:

MPower   Communique!

TIFF (compressed)   BMP
TIFF   Encapsulated PS
JPEG   GIF
XPixmap   JPEG/JFIF
                                          PCX
                                          SGI
                                          SunRaster
                                          TARGA
                                          TIFF
                                          XWD

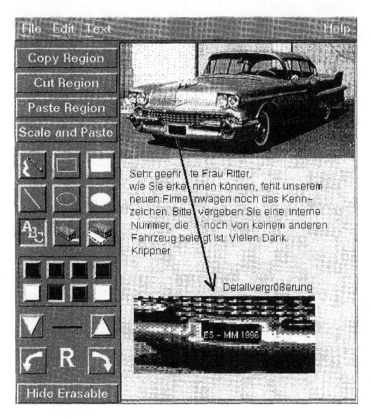

Beispiel einer
Whiteboard -
Anwendung unter
MPower

Viele Grundfunktionen sind bei MPower und Communique! gleich bzw. ähnlich. So besteht die Möglichkeit "freihändig" ,mit der Maus als Stift, zu zeichnen. Die Strichdicke läßt sich bei MPower über die dreieckigen, nach unten und nach oben gerichtete Pfeile einstellen. Bei Communique! kann man nur unter vier vorgegebenen Strichstärken wählen. Dafür hat man hier 20 Farben zur Verfügung, im Gegensatz zu 8 bei MPower, um Linien, Text oder auch ganze Flächen andersfarbig zu gestalten. Die Flächen können bei Communique! volldeckend oder in drei verschiedenen Mustern gewählt werden. Bei beiden Applikationen kann eine "gerade" Linie und Rechtecke oder Kreise, leer oder gefüllt, in stufenlos wählbaren Größen, benutzt werden. Zudem gibt es einen "Radierer", der jene Stellen löscht, über die man darüber "wischt". Zur Unterstützung gibt es die Textfunktion, die es erlaubt, Zeichen und Zahlen an jede beliebige Stelle zu schreiben. MPower hat einen festen, unbekannten Schriftsatz, der in der Größe zwischen 8 und 60 Punkten gewählt werden kann. Communique! bietet die Schriftsätze Courier, Helvetica, Symbol und Times in den Größen 8 bis 24 Punkten. Umlaute sind hier nicht möglich, da es kein deutsches Programm ist.

Besonderheiten bei MPower

Das Bild läßt sich wie bei der Image-Applikation in Schritten von 90° drehen (Rotate). Teile desselben Bildes können kopiert, ausgeschnitten, vergrößert (Scale and Paste) und an beliebige Stelle im gleichen Bild wieder eingefügt werden.

Mit der Option MakeWhiteboardErasable bzw. Unerasable besteht die Möglichkeit, bildlich gesehen, auf eine geöffnete Bilddatei eine Glasscheibe zu legen. Damit kann man in beliebiger Weise auf dem Bild zeichnen und radieren, ohne das darunterliegende Original zu verändern. Mit dem Knopf HideErasable werden die hinzugefügten Veränderungen für die Zeitdauer des Knopfdrückens ausgeblendet, man sieht also nur noch das Original. Bei Bedarf läßt sich aber auch das Original verändern. Das Ergebnis sollte man unter einem anderen Namen abspeichern, um im Ernstfall auf das Original zurückgreifen zu können.

Besonderheiten bei Communique!

Hier kann man mehrere Einzelbilder laden, und wie in einem Album blättern. Es stehen die gleichen Zoomfunktionen wie bei der GraphicTool-Applikation zur Verfügung -> Kapitel 4.1 Image/GraphicTool. Allerdings ist diese Vergrößerungs- bzw. Verkleinerungsfunktion nur auf das ganze Bild anzuwenden und nur rein zur Bildschirmdarstellung. Es kann nicht auf Teilbereiche eines Bildes angewendet werden.

Die weiteren Optionen sind erst in einer Videokonferenz relevant. Wenn man das Pfeil-Icon anwählt, so hat man einen "Zeigestock" zur Hand, der auch von den anderen Konferenzteilnehmern gesehen wird. Mit diesem Pfeil kann man auf bestimmte Details im Whiteboardbild zeigen.

Auf Wunsch wird das Whiteboard während dem Share-Vorgang komprimiert und beim Empfänger automatisch dekomprimiert. In welchem Codec dies geschieht, ist aus den InSoft-Unterlagen nicht zu erkennen. Außerdem kann man einstellen, ob das eigene Whiteboard automatisch geöffnet wird, sobald ein anderer Teilnehmer eine Whiteboardbearbeitung vornimmt.

4.2.2.2. Capture

Während bei Communique! die Capture-Funktion in der Whiteboard- und GraphicTool-Applikation mit integriert ist, bildet sie bei MPower eine eigene Anwendung. Drei Einstellungen sind möglich: Das "Fotografieren" (capture) eines bestimmten Bereichs des Bildschirms, den ich mit der Maus eingrenze, oder ein ganzes Fenster, oder den ganzen Bildschirm. Bei MPower besteht zudem die Möglichkeit das einzelne Fenster mit oder ohne Rahmen als eigenes Image "einzufrieren", Communique! kann nur ohne. Dafür wird da gleich nach der Capture-Durchführung das neue Image direkt im Applikationsfenster Whiteboard oder GraphicTool dargestellt. MPower öffnet erst ein weiteres Fenster und verlangt die Benennung, Formatwunsch und Speicherung des neu erstellten Image. Möchte man es ansehen, muß man das Bild über Image oder Whiteboard erst öffnen.

4.2.3 Praxistauglichkeit

Der große Vorteil von Whiteboard ist, daß mehrere Anwender, an verschiedenen
Orten, am gleichen Objekt arbeiten können. Das ganze läuft non-destructiv ab, d.h.
der vorherige Zustand läßt sich nach einer Veränderung exakt genauso wieder
herstellen. Dies ist mit Stift und Papier nur unter großem Aufwand möglich.

Um mit diesen beiden Anwendungen professionell zu arbeiten, ist es noch ein weiter
Weg. Auf den ersten Blick bieten die Programme eine Menge an Features. Es fehlen
aber ganz wichtige Funktionen:
Z.B. Undo -> wenn über eine Kante hinausgemalt wurde und man nicht den Radierer
verwenden will, da man sonst die Kante mit löscht.
Z.B. Anwählen geht nicht -> ein schon gezeichnetes Objekt möchte man
verschieben oder dessen Farbe nachträglich wechseln.
Z.B. Einfügen geht bei MPower nicht -> wenn man in ein geöffnetes Image aus dem
Zwischenspeicher ein Stück eines anderen Images "einkleben" möchte.
Genausowenig kann man hier eine neue Seite öffnen. Bei Communique! fehlt die
Zoomfunktion, um ein Bildausschnitt zu vergrößern.

Doch schon kleinere Unzulänglichkeiten erschweren das Arbeiten mit diesen
Applikationen. So "kupfert" MPower bei Überlappung von gewünschtem Bereich und
unerwünschter MPower-Bedienoberflächenleiste oder Menüleiste eben diese beiden
Leistenausschnitte mit ab. Beide Programme können ein Fenster der MovieTool-
Applikation nicht "abfotografieren". Das Whiteboardfenster ist bei Communique! nicht
als eigenständiges Bild zu speichern. Zudem muß man beim Speichern an den
Namen unbedingt die richtige Extension des Formats anhängen. Communique!
macht dies nicht von selbst. Das Betriebssystem erkennt in solch einem Fall nicht
den Dateityp.

Um professionelle Anforderungen zu erfüllen, sollte man sich ein professionelles
Graphikprogramm zulegen. Zu den Whiteboard-Applikationen von MPower und
Communique! ist zu sagen, daß nach der Einführungsphase der Produkte, jede
Applikation im Laufe der Zeit noch leistungsfähiger gemacht wird, und, daß ein
Anwender sich nicht ständig in alle möglichen, umfangreichen Programme
einarbeiten kann, um dann im Endeffekt erst seine eigentliche Aufgabe zu erledigen.
Zur professionellen Arbeit sind Whiteboard/Capture von MPower und Communique!
im Augenblick wenig geeignet, zum Spielen sind die Programme dann doch etwas
teuer. Um dies noch deutlicher zu machen, wäre die Bearbeitung einiger Übungen
mit Whiteboard sinnvoll.

4.2.4. Praktische Übungen

Die Vorstellung von Herrn Prof. Dr.-Ing. Schmidt, den interessierten Studenten an der Fachhochschule für Technik in Esslingen Multimedia durch freiwillige Teilnahme an Nachmittagskursen, unter der Anleitung eines Tutors, nicht nur theoretisch, sondern auch durch praktische Erfahrung näher zu bringen, halte ich für sehr wichtig und zukunftsorientiert. Die Kursinhalte könnten aus mehreren Blöcken aufgebaut sein. Jeder Block beinhaltet eine realitätsnahe Anwendung einer Applikation. Zum Ende des Semesters hin lassen sich verschiedene Anwendungen miteinander verknüpfen, so daß alle Applikationen mehr oder weniger zur gleichen Zeit genutzt werden. Die Studenten werden in kleine Gruppen aufgeteilt, so daß mehrere Blöcke parallel und im Rotationsverfahren bearbeitet werden. Ich möchte im folgenden drei Ideen vorstellen (die im Schwierigkeitsgrad ansteigen), wie eine aktive Arbeit mit Whiteboard aussehen könnte.

4.2.4.1. Erster Teil

Die Firmenleitung in Stuttgart möchte von uns Mitarbeitern in Esslingen wissen, wie wir die zukünftige Entwicklung des Papierbedarfs unserer Abteilung einschätzen. Die Firmenbranche können Sie selbst bestimmen. Dabei ist zwischen den Formaten DIN A3 und DIN A4 zu unterscheiden, sowie zwischen gebleichtem Papier und Umweltschutzpapier. Die Ergebnisse sollen in einem vorgegebenem Diagramm in Form einer Kurve und in verschiedenen Farben dargestellt werden. Die Legende und ungewöhnliche Schwankungen sollen in Form von Text erklärt werden.

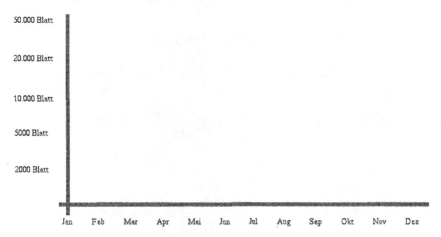

Eine der vielen Lösungen könnte wie auf der folgenden Seite aussehen:

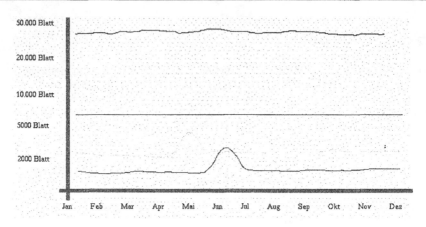

- DIN A4, Umweltschutz
- DIN A4, gebleicht
- DIN A3, Umweltschutz
- DIN A3, gebleicht

Im Mai steht der Entwurf einer doppelseitigen Anzeige an.
Im Juli werden die Entwuerfe dem Kunden vorgestellt.

4.2.4.2. Zweiter Teil

Neue Farben braucht das Land - und das Auto. Wählen Sie eine der 8 Farben, die Whiteboard von MPower bietet, und machen Sie das vorgegebene Auto "undurchsichtig". Benutzen Sie unter dem Menü "Edit" die Option "Make Whiteboard unerasable". Achten Sie darauf, daß man das Auto am Ende noch als solches erkennt.

Bildquelle [I]

Eine mögliche Lösung wäre die folgende:

4.2.4.3. Dritter Teil

Unsere Firma entwickelt erfolgreich hochtechnische Geräte im Bereich der Verkehrstelematik. Die meiste Technik läßt sich in den Motorenraum, den Kofferraum oder hinter die Mittelkonsole der Fahrzeuge unsichtbar verbannen. Von den Designern (1.Gruppe) und den Sicherheitsingenieuren (2.Gruppe) wird verlangt, daß **gemeinsam** per Shared Whiteboard (also an zwei Workstations, möglichst räumlich getrennt) und z.b. ChatTool -> Kapitel 4.4 ChatTool, im auf der nächsten Seite dargestellten Fahrzeug ein Display anbringen. Dieses Display soll in der Lage sein, Landkarten anzuzeigen, Text und Symbole, sowie eine Sprachausgabe (Lautsprecher) besitzen. Das ganze soll ästhetisch ansprechend aussehen. Dabei muß das Display in der Nähe des Fahrers installiert werden. Aufgesetzt oder irgendwo im Armaturenbrett integriert? Natürlich darf es den Fahrer nicht ablenken oder sogar im Weg sein. Er braucht außerdem ein Bedienpanel. Ist es im Display integriert, oder hat es einen extra Platz in der Nähe vom Lenkrad? Wie sieht es aus? Hat es eine Tastatur? Oder ist es ein Joystick? Mit der Whiteboard-Applikation von Communique! liegt die Bearbeitung dieser Aufgabe noch um einen Schwierigkeitsgrad höher.

Bildquelle [II]

Der Kreativität sind keine Grenzen gesetzt. Sie hätten natürlich eine viel bessere Lösung gefunden:

4.3. ChatTool

Communique!

4.3.1. Kurzbeschreibung
Das ChatTool dient zum textlichen Informationsaustausch zwischen Kollegen und Mitarbeitern. Dabei kann jeder jedem schreiben und sofort darauf antworten (engl. chatten). Das ChatTool ist also eine interaktive Minimalkommunikation mit allen Teilnehmern.

4.3.2. Funktion
Die Applikation ChatTool besteht aus einem einzigen zweigeteilten Fenster, von dem nur die obere Hälfte von allen aktiven Konferenzteilnehmern gleichzeitig benutzt wird. Sobald ein Teilnehmer einen Text in der unteren Fensterhälfte eingibt und diesen über einen Mausklick auf den PostNotePad-Button versendet, erscheint der Text auf dem Bildschirm in der oberen Fensterhälfte der anderen Teilnehmer. Im normalen Betriebsmodus ist auch der Absender dieser Nachricht erkennbar. Möchte man dies umgehen, wählt man aus dem Menü die Option "Anonymous". So könnte z.B. jeder Mitarbeiter unbekannterweise Kritik (positive wie negative!) am Chef üben, ohne mit persönlichen Konsequenzen rechnen zu müssen. Jede Textkommunikation läßt sich auch hier speichern und drucken.

4.3.3. Praxistauglichkeit:
Das ChatTool ist eine hervorragende Alternative zur kompletten Videokonferenz oder zum Telefon, wenn man schnell und kurz mit anderen Mitarbeitern die Verbindung aufnehmen möchte. Diese Applikation belastet kaum das Netzwerk und den Rechnerprozessor. Eine mögliche Konversation könnte im ChatTool-Fenster folgendermaßen aussehen (Absender wird automatisch hinzugefügt):

(krippner@tihx01.ti.fht-esslingen.de):
What is the status of Project MM?

(Anonymous):
Just in Time!

Eine sinnvolle Anwendung der Option "Anonymous" ist nicht zu erkennen. In jeder Firma oder sonstigem Kommunikationsverbund sollte soweit ein Vertrauens-verhältnis bestehen, daß man zu seinen Aussagen steht. Wenn dies nicht der Fall ist, nützt die beste Technik nichts, der Betrieb wird nie erfolgreich arbeiten können. Sehr nachteilig ist, daß man bei einem Chat-Wunsch nur diejenigen Kollegen erreicht, die aktiv in der Videokonferenz angemeldet sind. Jene Kollegen, die aus Speicher- und Rechengeschwindigkeitsgründen neben ihren Arbeitsprogrammen **nicht** Communique! geladen haben, können auch **nicht** erreicht werden.

4.4. TextTool

Communique!

4.4.1. Kurzbeschreibung

Das TextTool ist die einfachste Form einer Mail -> Kapitel 4.5. Multimedia-Mail /
InformationExchangeTool und entspricht etwa einem Editor. Das TextTool ist für die
Versendung von Nachrichten ausschließlich in Textform. So können ein oder
mehrere Teilnehmer der Videokonferenz gleichzeitig z.b. eine Fehlermeldung oder
eine Erinnerungsnachricht von einem einzigen Teilnehmer erhalten.

4.4.2. Funktion

Nach dem Mausklick auf das TextTool-Icon öffnet sich ein neues Fenster, in welches
die Nachricht eingetragen werden kann. Zum Verschicken wählt man aus dem
Filemenü den Befehl Send. Damit wird die Nachricht an alle beteiligten
Videokonferenzteilnehmer mit Absenderadresse zugesandt. Jeder Teilnehmer erhält
eine Kopie der Nachricht über ein automatisch sich nach dem Empfang öffnendes
Fenster (TextToolViewer). In diesem Fenster ist eine Bearbeitung der erhaltenen
Nachricht nicht möglich. Jeder "Brief" läßt sich natürlich auch abspeichern und
drucken.

4.4.3. Praxistauglichkeit

Das TextTool ist eine kleine sinnvolle Anwendung, wenn man eine wichtige
Mitteilung an **viele** Konferenzteilnehmer hat, ohne daß man ein laufendes Meeting
unterbrechen oder stören möchte. Diese Applikation läuft also auch parallel zu
anderen Anwendungen. Zum Nachweis oder zur Gedächtnisstütze ist die Nachricht
auch speicherbar und steht damit jederzeit wieder zur Verfügung. Dieses Feature ist
nur im Simplexbetrieb nützlich, d.h. wenn man eine allgemeine Nachricht für alle
Teilnehmer hat und keine unmittelbare Antwort erwartet. Pro eingehende Mitteilung
wird ein neues Fenster geöffnet, und kein, vielleicht schon vorhandenes Fenster,
benutzt. Jeder, der eine Nachricht empfangen möchte, muß vorher eine Verbindung
über Communique! aufgebaut haben. Wer eine Mitteilung an eine bestimmte Person
verschicken will, sollte deren Namen und Adresse oben drüber schreiben, da eine
gesendete Textinformation in jedem Fall alle Konferenzteilnehmer erreicht. Für den
interaktiven Austausch von Textmitteilungen steht das ChatTool zur Verfügung
-> Kapitel 4.3. ChatTool.

4.5. Multimedia-Mail / InformationExchangeTool

Multimedia-Mail

MPower

InformationExchangeTool

Communique!

4.5.1. Kurzbeschreibung

Die Multimedia-Mail von MPower erlaubt die elektronische Versendung von Text, Bildern, Audio- und Videodateien, auch außerhalb des LANs. Mit dem Information-ExchangeTool kann man unter Communique! eine beliebige Datei, auch ein Programm, an seinen Videokonferenzpartner auf elektronischem Weg verschicken.

4.5.2. Funktion
4.5.2.1. Multimedia-Mail

Durch einen Mausklick auf das Briefumschlag-Icon in der unteren MPower Menüleiste öffnet sich ein Fenster vom Browser "elm", und bei Bedarf ein Fenster namens "Mail-Editor" und ein Fenster namens "Mail-Viewer". Der elm stellt die Bedienoberfläche für Email dar. Hier werden die empfangenen Emails aufgelistet. Diese kann man über das neu geöffnete Fenster "Mail-Viewer" lesen, speichern und drucken. Danach kann man sie aus dem elm zur Platzgewinnung löschen. Auch wenn die Applikation nicht geladen ist, wird dem Anwender im "Briefkasten", also dem Briefumschlag-Icon, durch zwei aufgefächerte Briefe, die aus dem Briefumschlag sichtbar herausstehen, angezeigt, daß eine oder mehrere Emails eingegangen sind. Bei der Versendung einer eigenen Mail wird der "Mail-Editor" aufgerufen. Hier gibt man erst die Zieladresse ein, den "Subject" (Thema), und ob eventuell noch weitere Kopien der Mail verschickt werden sollen. Wenn man einer empfangen Mail direkt antworten möchte, kann man auf diese Prozedur verzichten und wählt das Feature "Reply to Msg". Elm macht die nötigen Eintragungen daraufhin selbst. Sodann kann man seine eigene Email nach Herzenslust kreieren. Dabei ist es unerheblich, ob man Text, Bilder, Audio- oder Videodateien, egal in welcher Reihenfolge, implementiert. Am einfachsten geschieht dies durch das "Herüberziehen" (Drag) des Datei-Icons aus dem FileManager und "Fallenlassen" (Drop) über dem Mail-Editor. Dateien, deren Format MPower bekannt sind, werden mit dem dazugehörigen Icon dargestellt. Die Formate erkennt MPower anhand der Extension (Endung) des Dateinamens. Eine Übersicht über die dem Elm bekannten Formate folgt etwas später. Der Empfänger kann diese, vorher textlich beschriebenen Dateien durch einen Doppelmausklick auf das betreffende Icon direkt aus seinem Mail-Viewer heraus öffnen.

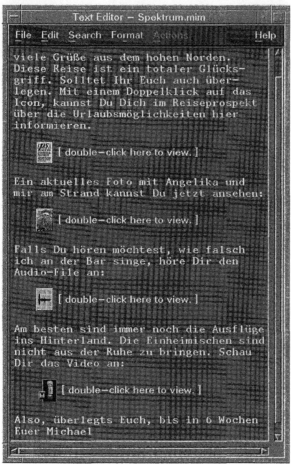

So könnte eine Multimedia-Mail unter MPower aussehen

Der Elm von MPower erkennt folgende <u>Dateiformate</u> anhand der Extension des Dateinamens und stellt diese mit einem eigenen Icon dar:

<u>Image-Dateien:</u>   TIF, GIF, JPG, XWD, XBM, XPM, BMF, PS, EPS, PCL, CGM, HPGL, HPGL2

<u>Text-Dateien:</u>   Z, TAR, MIM, UNK, no extension

<u>Audio-Dateien:</u>   AU, 116, 18, 108, WAV, SND, U, AL

<u>Video-Dateien:</u> · JPG, MPG, MJPG

Eine Multimedia-Mail wird von MPower mit der Extension "mim" versehen. Dateien mit unbekanntem Format, stellt MPower mit einem "Unknown"-Icon dar. Die Extension des Dateinamens lautet dann .unk. Empfänger, deren Mailprogramm das MIME-Protokoll -> Kapitel 4.5.3. Praxistauglichkeit versteht und unterstützt, können diese Dateien, beim Besitz des dafür notwendigen Programms, entschlüsseln und öffnen.

Eine zweite, schnellere Möglichkeit eine Email unter MPower zu versenden ist, das Icon der gewünschte Datei aus dem FileManager direkt auf das Briefumschlag-Icon "fallen" zu lassen. Dabei kann die Datei mit einem normalen Editor erstellt sein, oder auch ein Bild sein, oder was auch immer. Daraufhin wird von Elm ein Dialogfenster geöffnet:

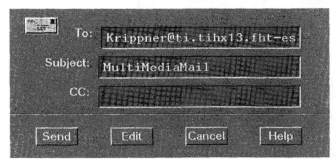

Der schnellere Weg unter MPower eine Multimedia-Mail zu versenden

Nur die nötigen Angaben machen, und den Send-Knopf drücken - die Email ist verschickt.

4.5.2.2. InformationExchangeTool

Beliebige Daten lassen sich bei Communique! im ASCII- oder Binary-Mode schnell und einfach zum Videokonferenzpartner elektronisch verschicken. Auf Wunsch werden die Daten auf Senderseite komprimiert und auf Empfängerseite automatisch wieder dekomprimiert. Zusätzlich läßt sich einstellen, ob man mit dem Öffnen eines Empfangsfensters (Popup on receive) sofort nach dem Eintreffen der Datei einverstanden ist.

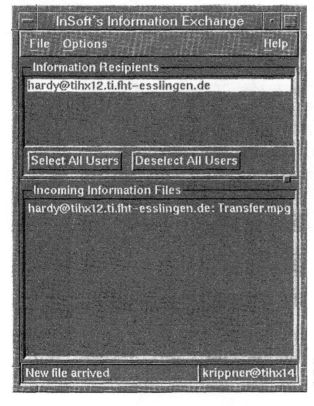

Steuerfenster des Information/ExchangeTools von Communique!

4.5.3. Praxistauglichkeit

Die Multimedia-Mail ist eine weitere wichtige Applikation in der Welt von Multimedia. Für viele Computer gibt es Programme zu kaufen, die Multimedia-Mail möglich machen. Manchmal ist so eine Applikation gleich mit im Betriebssystem integriert. Alles was man braucht ist ein Netzzugang über Modem, LAN, oder Internet. Dabei spielt es keine Rolle, ob der Empfänger auch das Programm MPower hat. Wichtig ist, daß sein Mailprogramm den internationalen Protokollstandard MIME versteht. MIME heißt "Multipurpose Internet Mail Extensions". MIME ist die Erweiterung zum Basis-Internet-Mail-Standard RFC 822, welches die Formate für eine Textmail im Internet spezifiziert. [1]

Die tatsächlichen Nutzungsmöglichkeiten der Multimedia-Mail-Applikation von MPower sind sehr bescheiden. Die graphische Aufmachung ist zwar sehr schön, ein komfortables Arbeiten aber nicht möglich. Am meisten vermißt man ein Adreßbuch. Wenn man einem Kollegen öfters eine Mail senden möchte, muß man **jedesmal** dessen vollständige Adresse eintippen, z.b. Kollege@tihx01.ti.fht-esslingen.de. Ein Adreßbuch ist auch bei den preiswerten Mailprogrammen auf dem Markt heute so gut wie eine Selbstverständlichkeit. Zudem wünscht man sich so sinnvolle Features wie das automatische Sortieren nach dem Empfang, oder eine Markierungs-möglichkeit für Mails, die man schon gelesen hat, oder auf die man schon rück-geantwortet hat. Gut wäre eine Quittung für versendete Mails oder eine Distribution-Liste, mit der man ein und dieselbe Mail mehreren Mitmenschen zusenden kann.

Zusätzliche Schwierigkeiten bei der Analyse der Multimedia-Mail-Applikation machte die Technik. Nur auf einer von vier HP-Workstations läuft die Multimedia-Mail-Applikation korrekt. Bei den anderen lassen sich keine Icons implementieren, bzw. eine empfangene Multimedia-Mail ist bis auf den Text nicht zu lesen. Die Fehlermeldung verweist darauf, daß kein MIME auf der Workstation zur Verfügung stünde, bzw. nicht erkennbar sei. Nach einer Überprüfung wurde festgestellt, daß dieser Hinweis nicht stimmt. Um sicher zu gehen, wurde die Mailsoftware von der funktionierenden Workstation auf eine der anderen kopiert. Auch dies führte zu keinem Erfolg. Das Freeware-Programm "mpack", welches man vom Internet kopieren kann, hilft. Dieses Programm teilt die Multimedia-Mail in seine einzelnen Bestandteile Text, Bild, Audio und Video, in extra Dokumente auf, die dann jeweils einzeln zu öffnen sind.

Durch die Umbenennung in Name.unk von Dateien deren Format MPower nicht kennt, ergaben sich weitere Schwierigkeiten. Abgesehen davon, daß es bei MPower in dieser Form sehr umständlich ist, eine Datei (z.B. Word-Dokument, oder ein C-Programm) zu versenden, können diese Files bei einem Empfänger, der kein MPower hat, nicht entschlüsselt werden. Bei Mailprogrammen anderer Hersteller hängt man die zu verschicken gewünschte Datei einfach an die Mail hinten dran.

Im letztgenannten Punkt ergänzen sich MPower und Communique! daher sehr gut. Communique! hat keine Mail-Funktion, dafür kann es per InformationExchangeTool alle beliebige Daten problemlos an andere Konferenzteilnehmer versenden - aber eben nur an Kommunikationspartner, die Communique! besitzen.

4.6. SharedX / SHARE

 SharedX

MPower

 SHARE

Communique!

4.6.1. Kurzbeschreibung

Mit dieser Applikation steht dem Anwender ein sehr praktisches und speicherplatzsparendes Feature zur Verfügung. Damit können verschiedene Personen, an unterschiedlichen Orten, an ein und dem selben Dokument (z.B. einer Konstruktionszeichnung) arbeiten. Dies war beschränkt auch im -> Kapitel 4.2 Whiteboard/Capture möglich. SharedX/SHARE bietet eine Erweiterung in der Art an, daß nicht nur Dokumente, sondern ganze Programme von einem Computer auf viele andere Bildschirme dargestellt und benutzt werden können. Man stelle sich ein Server vor, auf dem Excel und verschiedene Tabellenkalkulationen gespeichert sind, und mehrere Kollegen, jeder mit einer eigenen Tastatur und eigenem Bildschirm ausgestattet, können zusammen auf ein Excel-Dokument von diesem Server zugreifen und es bearbeiten.

4.6.2. Funktion

Zumindest bei SharedX von MPower kann man eine oder mehrere Anwendungen mit mehreren Personen gleichzeitig "teilen". Im Input-Fenster hat der Initiator einer Share-Session die Möglichkeit, jedem einzelnen Teilnehmer die Erlaubnis zu geben oder zu verweigern, alle im Share-Modus benutzten Fenster interaktiv mit zu bearbeiten oder alle diese Fenster nur auf dem Bildschirm optisch zu betrachten. Da der "Mauspfeil" bzw. die bewegliche "Einfügemarke" jedes Teilnehmers nicht von allen benutzt werden kann, fügt man bei MPower beliebig viele "Telepointers" ein. Dieser "Pfeil" kommt einem Zeigestock gleich, der von allen Teilnehmern gesehen wird, und auch von ihnen bewegt werden kann.

4.6.3. Praxistauglichkeit

SharedX von MPower macht einen guten Eindruck. Hier gibt es, im Gegensatz zur Multimedia-Mail, ein Adreßbuch, aus dem man sich die gewünschten Share-Partner heraussuchen kann. Genialerweise lassen sich auch Dokumente mit anderen Kommunikationspartnern gleichzeitig benutzen, die kein MPower auf ihrer Workstation laufen haben. In einem LAN mit verschiedenen Computern und Betriebssystemen ist das eine feine Sache.

SharedX-Fenster von MPower

Natürlich gibt es auch hier Verbesserungsvorschläge, die die Handhabung von SharedX vereinfachen würden. Leider erkennt die Workstation des Share-Initiators nicht, ob der gewünschte Partner eine Einladung zur Share-Konferenz nur ablehnt, oder ob er überhaupt nicht am Netz hängt. Beendet ein eingeladener Partner seine Teilnahme an der SharedX-Applikation, bleibt dies für den Initiator unbemerkt. Eine kleine Quittung könnte Abhilfe schaffen.

Leider lassen sich Anwendungen, die sich auf die Graphik- bzw. Videokarte beziehen, nicht "teilen". Das heißt, ein Bild ist nicht gemeinsam über den Image-Viewer zu betrachten, sondern nur über das Whiteboard. Ein Video kann nicht gemeinsam angeschaut werden. Der Audio-Editor läßt sich auch nicht gemeinsam benutzen. In allen Fällen bleibt nur der Ausweg, über -> Kapitel 4.5. Multimedia-Mail/InformationExchangeTool zu gehen.

Nicht jede Anwendung läßt sich unter MPower über SharedX gemeinsam benutzen

Immerhin funktioniert SharedX von MPower zufriedenstellend. Das kann man von SHARE der Software Communique! nicht behaupten. Bis zum Ende der Diplomarbeit konnte diese Applikation nicht untersucht werden. Es besteht der Verdacht, daß dieses Feature, beim Kauf von Communique!, unverständlicherweise nicht mitgeliefert wurde. Im Handbuch ist vermerkt, daß der Initiator einer SHARE-Sitzung eine extra Lizenz benötige, der Empfänger aber nicht. Beim Versuch SHARE zu öffnen gibt es nur die Fehlermeldungen:

SHARE plugin unable to acquire license:
(no such feature)

und/oder

Binding TCP socket: Ungültiges Argument

4.7. Audio

 MPower

 Communique!

4.7.1. Kurzbeschreibung

Die Audioapplikationen von MPower und Communique! besitzen den gleichen
Namen, unterscheiden sich aber sehr. Ob Sprache oder Musik, jeder Klang läßt sich
bei MPower über Mikrofon, oder durch Direktanschluß einer Audioquelle an den
Computer, aufzeichnen und in einer Klangdatei abspeichern. Die Klänge werden
graphisch als Schallwellen visualisiert. Nun kann man die Klangdatei bearbeiten, d.h.
Wörter rausschneiden, Sätze umstellen, den eigenen Anrufbeantworter kreieren. Wie
jede andere Datei auch, kann diese Datei in Form einer Multimedia-Mail -> Kapitel
4.5. Multimedia-Mail / InformationExchangeTool, die in diesem Fall auch "voicemail"
genannt wird, versandt werden, um jemandem eine kurze mündliche Nachricht zu
übermitteln.

Bei Communique! dient die Audio-Funktion nicht der Aufzeichnung, sondern der
direkten akustischen Kommunikation, quasi Online-Audio, zur Unterstützung des
Kamera-Livebildes bei einer Videokonferenz. Wird die Livebild-Funktion ausgesetzt,
hat man nur noch eine akustische Verbindung zu seinem Konferenzpartner - beide
telefonieren über das Netz.

4.7.2. Funktion

4.7.2.1. Funktion Audio MPower

Mit einem Mausklick auf das Audio-Icon wird der Audio-Editor geöffnet. Das
AudioControlPanel läßt sich durch einen Klick auf das kleine Lautsprechersymbol in
der unteren MPower-Menüleiste öffnen.

Über das File-Menü des Audio-Editors kann eine vorhandene Klangdatei geöffnet
werden, um sie anzuhören oder zu bearbeiten. MPower kann die folgenden Audio-
File-Formate abspielen: AU, 116, 18, 108, WAV, SND, U, AL. Die Klänge werden im
Audio-Editor graphisch dargestellt . Um eine neue Tonaufnahme zu machen, stellt
man zuerst mit dem linken Schieberegler die Aufnahmelautstärke ein. Bei einem

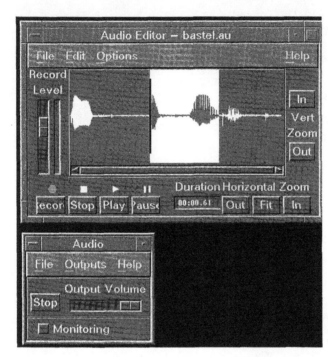

MPower-Fenster:
oben: Audio-Editor
unten: AudioControlPanel

ankommenden Audiosignal schlägt eine "LED-Anzeige" neben dem Schieberegler
nach oben aus. Sie sollte nicht bis ganz nach oben ausschlagen, sonst verzerrt die
Aufnahme, die dann wertlos ist. Zum Starten und Beenden der Aufnahme betätigt
man die Knöpfe "Record" und "Stop" im linken, unteren Teil des Fensters. Die
Handhabung ist dabei identisch wie die bei einem Kassettenrekorder. Mit dem
"Play"-Knopf kann die Aufnahme wieder angehört werden. Der "Pause"-Knopf
unterbricht einen Vorgang, um ihn bei nochmaligen Knopfdruck an der gleichen
Stelle wieder fortzuführen.

Die Anzeige in der unteren Mittenposition zeigt die Zeitdauer (Duration) an. Bei der
Aufnahme wird die vergangene Zeit vom Start der Aufnahme angezeigt, bei der
Wiedergabe die Zeit, die noch benötigt wird, bis das Ende der Klangdatei erreicht ist.

Auf der rechten Seite gibt es vertikale und horizontale Zoomfunktionen. Bei
Betätigung dieser Funktion werden Stellen in der Klangdatei, die mit dem langen,
schwarzen und schmalen Cursor andersfarbig markiert wurden (highlighted), z.B.
herausgezoomt, d.h. die graphische Kurve wird nur vergrößert dargestellt. Die
Aufnahme selbst wird dadurch nicht verändert. Nun kann man einen eventuellen
"Knackser" oder ein deplaziertes Wort detaillierter "sehen" und bei Bedarf
herausschneiden. Dazu markiert man wieder mit dem Cursor den Bereich, der
ausgeschnitten werden soll (highlighted). Mit den allseits bekannten Funktionen, wie
Cut und Paste, können jetzt Klangteile herausgeschnitten werden, oder an der Stelle

wo der Cursor hingesetzt wird, mit Hilfe von "Insert File" unter dem File-Menü eingesetzt werden. Zudem kann die Klangdatei auch erst ab der Stelle, wo der kurze, rote und dicke Cursor steht, abgespielt werden.

Mit dem AudioControlPanel wird die Lautstärke eingestellt, mit der man die Klangdatei anhören möchte. Unter dem Menü Outputs kann als Audioausgang der interne Lautsprecher, der Kopfhörerausgang, oder den auf der Rückseite des Computers befindlichen Audiolineausgang der Videokarte aktiviert werden. Möchte man ein ankommendes Audiosignal live gleich hören (durchschleifen), muß der Monitoring-Knopf gedrückt sein.

Über die InputDevices unter dem Option-Menü des Audio-Editors lassen sich auch die Audioeingänge einstellen. Es stehen der Mikrofoneingang auf der Frontseite des Computers, oder der Lineeingang, meist Chinchbuchsen, für Audiozuspielgeräte auf der Rückseite zur Verfügung.

4.7.2.2. Funktion Audio Communique!

Wenn man das AudioTool anwählt, wird das ControlPanel geöffnet:

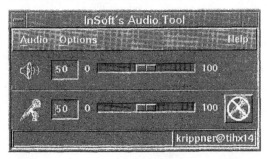

ControlPanel von Communique!

Hier stellt man die Lautstärke ein, sowohl für den Ton der gesendet wird (Mikrofonsymbol), als auch für den Ton der empfangen wird (Lautsprechersymbol). Die Skala reicht von 0 bis 100, der Defaultwert ist 50. Rechts ist der wichtige Mute-Knopf. Mit ihm kann man die Gesprächsverbindung unterbrechen. Somit hat man z.B. die Möglichkeit, sich unter den anwesenden Kollegen zu beraten, ohne daß die Kommunikationspartner einen Laut mitbekommen.

Im Audio-Menü können Voreinstellungen (Settings) für das AudioTool abgespeichert und auch aufgerufen werden. Zudem läßt sich das AudioScope-Fenster öffnen:

AudioScope von Communique!

Im AudioScope wird die Lautstärke des gesprochenen Wortes, welches gesendet wird, in einer Art LED-Anzeige mit einem dynamischen, grünen Balken dargestellt. Dabei ist die rote Linie, der SilenceSensorLevel, sehr nützlich. Da alle Klänge, also auch Nebengeräusche übertragen werden, kann man leisere, ungewollte Klänge unterdrücken, d.h. die werden nicht gesendet. Erst ab einem gewissen Threshold, den ich mit dem SilenceSensorLevel im AdvancedSetting-Fenster einstelle, wird der Ton übertragen. Ankommende akustische Übertragungen werden durch ein blinkendes, kleines Lautsprechersymbol neben dem Namen des Konferenzpartners visuell angezeigt.

Unter dem Option-Menü läßt sich das AdvancedSetting-Fenster aufrufen:

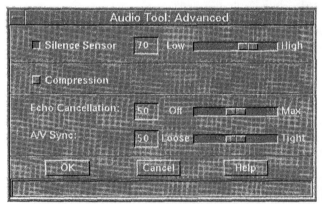

AdvancedSetting-Fenster von Communique!

Neben dem SilenceSensor können auch die Echokompensation (Echo Cancellation), sowie die Audio/Video-Synchronisation (A/V-Sync) im Bereich zwischen 0 und 100 eingestellt werden. Die Echokompensation reduziert Rückkopplungen, die durch eine Verstärkungsschleife von Mikrofon und Lautsprecher entstehen können. Der A/V-Sync soll eventuell auftretende Verschiebungen von Audio und Video verhindern. Zusätzlich gibt es im Option-Menü die Funktion Compression. Diese Funktion komprimiert den Audio-Datenstrom zu den anderen Teilnehmern. Dort wird in diesem Fall das ankommende Audio automatisch dekomprimiert. Das spart Bandbreite.

Ebenfalls unter dem Option-Menü läßt sich das Device-Fenster aufrufen:

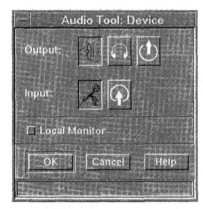

Einstellungen im Device-Fenster
für Audioein- und -ausgänge bei Communique!

Hier findet die Zuordnung des Audioausgangs an den internen Lautsprecher, den Kopfhörerausgang oder den Audiolineausgang auf der Rückseite des Computers statt. Als Audioeingang kann der Mikrofoneingang oder der Audiolineeingang benutzt werden. Um zu hören, wie das selbst gesprochene Wort bei den anderen Teilnehmern ankommt, kann man den Local Monitor durch Knopfdruck aktivieren.

Mit Hilfe der MembersDialog-Funktion unter dem Options-Menü läßt sich genauer spezifizieren, welcher Teilnehmer das eigene Audio empfängt, und welches Audio man selbst empfangen möchte. Mit Preferences kann man Voreinstellungen machen, ob bei Konferenzbeginn automatisch die Audiofunktion mit aktiviert wird oder nicht.

4.7.3. Praxistauglichkeit

Beide Audiofunktionen sind doch sehr gegensätzlich und ergänzen sich deshalb sehr gut. Während bei MPower die Priorität bei der Speicherung und Bearbeitung einer Klangdatei liegt, ist bei Communique! das Ziel, eine Videokonferenz akustisch online zu unterstützen. Der Audio-Editor von MPower bietet die Grundfunktionen um eine digitale Aufnahme zu machen. Die Features vom AudioTool von Communique! sind sehr durchdacht.

Die zwei Audioapplikationen können nicht parallel betrieben werden, d.h. bei einer audiogestützten Videokonferenz kann man kein gespeicherten Audio-File zur gleichen Zeit anhören. Die Audioapplikationen lassen sich auch nicht auf mehrere Bildschirme darstellen (Share). Wer einen besseren Hörgenuß erleben will, und auch nicht ständig mit Kopfhörer dasitzen möchte, sollte auf die Benutzung des internen Computerlautsprechers verzichten und sich ein paar kleine Aktivlautsprecher (Multimedia-Lautsprecher) zulegen. Diese Lautsprecher haben einen Verstärker integriert und klingen um einiges besser als der interne Lautsprecher.

Wahrscheinlich durch einen Softwarefehler läßt sich die Device-Funktion von Communique! nicht ansprechen. Wenn man die Lautstärke verändern möchte, muß man auf das AudioControlPanel von MPower zurückgreifen.

4.8. Video

MPower

Communique!

4.8.1. Kurzbeschreibung

Bei multimedialen Schulungsprogrammen oder Produktpräsentationen kann es zum Verständnis sinnvoll sein, bestimmte Inhalte als Videofilm auf der Workstation darzustellen. Hierzu stellt MPower mehrere Möglichkeiten zur Verfügung. Durch die Verwendung von zusätzlichen Programmen, auf die hier nicht weiter eingegangen wird, ist man in der Lage, Videosequenzen nach der Aufzeichnung zusammenzusetzen, zu überblenden, zu verfremden, und vieles mehr.

4.8.2. Funktion

4.8.2.1. VideoPlay

 MPower

Der VideoPlayer von MPower benötigt keine extra Videokarte. Er kann auf jeder HP-Workstation installiert werden. Nun hat man die Möglichkeit Videofilme, die in digitaler Form auf der Harddiskplatte vorliegen, auf dem Computerbildschirm abzuspielen und anzusehen. Die Videofilme werden im MPEG-Format -> Kapitel 6. Normen, Formate und Bildschirm abgespielt und können mit oder ohne synchronem Audio sein. Wenn ein Video im VideoPlay geöffnet wurde, zeigt es das erste Frame (Bild) des Videos an und wartet auf weitere Steuerbefehle.

Der MPEG-VideoPlayer von MPower

Mit den Knöpfen "Play", "Pause" und "Stop" läßt sich das Video ansehen, das
Abspielen unterbrechen und stoppen. Beim Drücken der "Pause"-Taste verwandelt
sich diese in "Resume" und das Video hält auf der Stelle an. Durch nochmaliges
Anklicken läuft der Video weiter und auf dem Knopf steht wieder "Pause". Die Zahl
über dem Schieberegler zeigt an, aus wieviel Frames der Video insgesamt besteht
(in diesem Beispiel 611 Frames). Die Zahl ganz rechts, neben den Pfeilen, gibt die
Zahl des gerade dargestellten Frames an (hier das 200ste Frame des Videos). Man
kann sich die Länge auch in Sekunden anzeigen lassen. Wenn man mit der Maus
den Schieberegler packt, kann man den Video in jede Richtung mit großer
Geschwindigkeit "spulen". Die Pfeile ermöglichen ein frameweises Anschauen des
Videos. Über das AudioControlPanel -> Kapitel 4.7.2.1. Funktion Audio MPower läßt
sich die Lautstärke und der Audioausgang einstellen. Über das Option-Menü hat
man folgende Einstellungsmöglichkeiten:

-       Die Darstellung der Videolänge in Frames oder Sekunden.
-       Die Veränderung der Darstellungsgröße des Videofensters. Der Defaultwert
        liegt bei ca. 4,5cm x 3cm. Die Bildgröße kann maximal auf 9cm x 6cm
        verdoppelt werden.
-       Loop-Betrieb: der Video wird in einer Schleife ununterbrochen abgespielt, bis
        der "Stop"-Knopf gedrückt wird.
-       Reverse-Betrieb: der Video wird rückwärts abgespielt.
-       Kontrast, Helligkeit und Farbintensität des Videos.

Mit der Funktion "SaveFrameAs" kann man ein einzelnes Frame (Bild) als Image in
den Formaten TIFF, JFIF, XBM und XWD abspeichern. Danach läßt es sich sofort
ausdrucken oder über Whiteboard -> Kapitel 4.2. Whiteboard/Capture bearbeiten.
Zum gerade geöffneten Video kann man sich unter dem File-Menü die dazugehörige
Fileinformation abrufen. Das neu geöffnete Fenster erteilt z.B. Angaben zum
Speicherplatzbedarf des Video, oder ob der Video Audiodaten enthält.

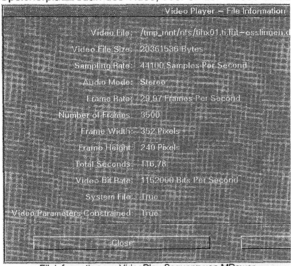

Bei einer Bildrate von 29,97 fps und einer Gesamtanzahl von 3500 Frames ergibt sich die Gesamtlänge des Videos von 116,78 Sekunden, das sind ungefähr 1'57 Minuten. Dieser knappe 2Minuten-Video hat im MPEG-komprimierten Zustand einen Speicherplatzbedarf von ca. 20,4 MB !!! Das Video enthält Stereoton bei einer Abtastfrequenz von 44,1 kHz, das ist CD-Qualität.

Fileinformation zur VideoPlay-Sequenz von MPower

4.8.2.2. VideoLive

 MPower

VideoLive von MPower benötigt auf jeden Fall eine extra Videokarte. An diese kann man eine Kamera anschließen, deren Livebild mit VideoLive auf dem Computerbildschirm dargestellt wird.

An der Videokarte können maximal zwei Kameras angeschlossen werden. Auch hier lassen sich einzelne Livebilder im JPEG-Format abspeichern -> Kapitel 6. Formate, Netze und Bildschirm. Zuerst betätigt man die Funktion "Freeze". Damit wird die VideoLive-Anzeige "eingefroren", d.h. es wird eine Momentaufnahme dargestellt. Wenn dieses Bild gefällt, kann es mit "CaptureFrame" als Image in den Formaten TIF oder JPG gespeichert werden, anderenfalls drückt man den von "Freeze" auf "Resume" gewechselten Knopf nochmals, und bekommt wieder das Livebild. Mit der Funktion "Capture Frames ...", kann man mehrere Images erstellen. Diese können als Album abgespeichert werden. Ein Album enthält mehrere Einzelbilder, die auf jeweiligen Knopfdruck nacheinander angeschaut werden können (wie eine manuell gesteuerte Diaschau), oder bei Bedarf automatisch (Funktion Animate) nacheinander gezeigt werden.

Verschiedene Voreinstellungen kann man über die CollectFrames-Dialogbox machen. So kann man die gewünschte Aufnahmelänge einer ganzen Sequenz eingeben, die Intervallschritte, eine Startverzögerung, und ob der Computer ein akustisches Signal bei Anfang und Ende der "Fotosession" gibt. Ein Album kann auch mit der Applikation Image von MPower angesehen werden -> Kapitel 4.1. Image/GraphicTool. Unter dem Video-Menü läßt sich, neben der Wahl von Videokarteneingang 1 oder 2, der gewünschten Fenstergröße und dem Livevideoformat NTSC, PAL oder SECAM, die Helligkeit, der Kontrast, der Farbton und die Farbsättigung verändern.

4.8.2.3. VideoTool

 Communique!

Das VideoTool von Communique! hat die gleiche Funktion wie VideoLive von MPower -> Kapitel 4.8.2.2. VideoLive. Das VideoTool benötigt daher auch eine extra Videokarte. Das Abspielen eines digital gespeicherten Videos ist nicht möglich. Wohl aber das "Abfotografieren", Abspeichern und Drucken von einzelnen Livebildern, die von der Kamera übertragen, oder per Videorekorder zugespielt werden, wie bei VideoLive. Im Option-Menü läßt sich das Hardware-Setup einstellen. Neben der Wahl von Videokarteneingang 1 oder 2, der gewünschten Fenstergröße und dem Livevideoformat NTSC, PAL oder SECAM, können die Helligkeit, der Kontrast, der Farbton und die Farbsättigung verändert werden.

4.8.2.4. MovieTool

 MPower

Das MovieTool wird zusätzlich von Hewlett Packard für den Betrieb unter MPower und der Parallax Videokarte mitgeliefert. Es greift auch auf diese Videokarte zurück. Mit dem MovieTool ist es möglich, ganze Filme, inklusive Audio, digital mit der Workstation aufzunehmen, abzuspeichern und wieder anzusehen, sowie auch ein Livebild mit der Kamera einzufangen. Einzelne Frames kann man nicht wie bei VideoTool oder VideoLive "abfotografieren".

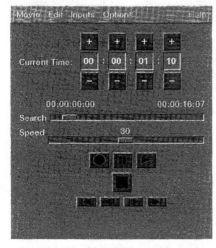

Bedienpanel vom MovieTool von MPower

Die Videodaten werden im MotionJPG-Format gespeichert. Das bedeutet, daß dieses Video nicht direkt mit dem VideoPlay oder einem sonstigen MPEG-Player abgespielt werden kann, sondern nur mit MovieTool. Zur Konvertierung liefert Hewlett Packard das Tool VideoConvert mit, das aus einem MotionJPG-Format ein MPEG-Video macht -> Kapitel 6.2. JPEG.

Unter dem Option-Menü gibt es folgende Untermenüs:

- JPEG Compression Preferences: Hier kann man die Bildrate zwischen 0 und 30 Frames per second sowie die Fenstergröße einstellen. Eine ImageQuality-Funktion erlaubt die Wahl zwischen der schlechtesten Bildqualität Low mit dem Wert 1000, und der besten Bildqualität High mit dem Wert 25.
- Audio: In diesem Menü kann man Audioein- und -ausgänge sowie die Lautstärke bestimmen.
- ColorSettings: Es lassen sich die Helligkeit, der Kontrast, der Farbton und die Farbsättigung im Bereich 0 bis 255, bei einem Defaultwert von 128, verändern.
- Zoom: Das Fenster kann um das Doppelte vergrößert werden.

4.8.3. Praxistauglichkeit

Auch hier ergänzen sich MPower und Communique! wunderbar. Bei einer Videokonferenz unter Communique! kann man jederzeit digital gespeicherte Videos unter MPower zuspielen und ansehen. Allerdings lassen sich die Videoapplikationen selbst nicht bei den anderen Teilnehmern zeitgleich ansehen. Soll der Konferenzpartner ebenfalls das Video sehen, so muß es per Email elektronisch an ihn gesandt werden -> Kapitel 4.5. Multimedia-Mail / InformationExchangeTool.

Der MPEG-Player VideoPlay von MPower funktioniert gut. Er spielt jedes Video im MPEG-Format, egal ob extern zugespielt, oder über das Internet gezogen (herunter kopiert), von der lokalen Harddiskplatte sauber ab. Kommt das Video übers Netz, fehlt je nach Netzbelastung das ein oder andere Frame nach der Übertragung. Zudem sollte man die Default-Fenstergröße nicht verändern, da sich durch einfache Pixelverdopplung die Bildqualität sehr verschlechtert.

Ohne diese Zoomeinstellung hat das einzeln abgespeicherte Frame unter VideoPlay, wenn man es sich z.B. mit der Image-Applikation ansieht, trotzdem eine schlechte Qualität. Diese soll sich laut Manual über die GraphicOption unter der SharedX/UX-Applikation verbessern lassen. Bis zum Ende dieser Diplomarbeit war es, wahrscheinlich aus software-technischen Gründen, nicht möglich, diese Option anzuwählen. Daher liefert hier VideoLive auf jeden Fall bessere Ergebnisse. Als Scanner-Ersatz oder zur Übermittlung von gedruckten Dokumenten ist das Videobild trotz Snapshot-Funktion wegen seiner geringen Auflösung nur bedingt zu verwenden.

Beim Gebrauch der Funktion Reverse sollte man bedenken, daß dieser Rechenvorgang viel Zeit in Anspruch nimmt und das Original rückwärts speichert. Damit kann erst durch einen erneuten Reverse-Vorgang das Original wiederhergestellt werden. Möchte man also beide Versionen haben, sollte man vor der Reverse-Funktion das Original unter einem anderen Namen abspeichern. Dies geht nur über den File-Manager, ein komplettes Speichern unter VideoPlay ist nicht möglich.

Beim Start der Applikation VideoLive erscheint am Anfang das Livebild manchmal in Schwarzweiß oder gar nicht. Hier funktioniert wohl der Zugriff auf die Videokarte nicht perfekt. Das Problem läßt sich durch Öffnen und sofortiges Schließen von MovieTool lösen. Beim Arbeiten und Wechseln in andere Fenster, kann es vorkommen, daß das Livebild nicht mehr angezeigt wird. Durch ein kurzes Verschieben des VideoLive-Fensterrahmens erscheint es wieder. Ein angelegtes Album konnte nicht mehr geöffnet und betrachtet werden. Dies war nur mit der Image-Applikation möglich.

MPower bietet mit VideoConvert die Konvertierung vom MotionJPG-Format, welches mit MovieTool erzeugt wurde, zum MPEG-Format an. Diese Konvertierung braucht sehr viel Zeit. Danach ist das Video auf dem Hewlett Packard-eigenen MPEG-Player VideoPlay anzusehen. MPEG-Player anderer Firmen können dieses Video **nicht** abspielen. Offensichtlich wird der internationale MPEG-Standard von VideoConvert nicht eingehalten. Wer auf systemübergreifenden Plattformen arbeiten will, also auch außerhalb der HP-Welt, sollte auf den Einsatz von MovieTool verzichten.

5. Videokonferenz

Communique!

5.1. Kurzbeschreibung

Durch eine Videokonferenz wird das eigene Livebild zum Konferenzpartner übertragen, ähnlich der Bildtelefonie. Die Mitarbeiter an verschiedenen Standorten können sich nun unterhalten und dem Partner in die Augen sehen. Weitere Applikationen (z.B. Whiteboard) stehen zur gemeinsamen Arbeit zur Verfügung. Das neue Produkt wird in seinen verschiedenen Entwicklungsstufen graphisch dargestellt und eventuell korrigiert. Ein kurzes Video, aufgenommen in der Produktionshalle, kann bei Bedarf zugespielt werden. Oder es wird gleich eine Direktübertragung mit einer Kamera vor Ort durchgeführt. Gemeinsam werden Entscheidungen digital gespeichert, die Meßdaten werden nicht auf Papier, sondern per Filetransfer übertragen.

5.2. Tips und Informationen

Videokonferenz bedeutet eine Kommunikation zwischen zwei Partnern, oder zwischen zwei Konferenzräumen, in denen sich jeweils mehrere Kommunikationspartner befinden. Oder es bedeutet eine Kommunikation zwischen mehr als zwei Kommunikationsorten. Der Fachbegriff dafür ist **Multipoint**.

Die Videokonferenz ist eine Weiterentwicklung der Bildtelefonie. Die Bildtelefonie wurde zur Olympiade 1936 zum erstenmal vorgestellt. Sie konnte sich nie so richtig durchsetzen, da die eingesetzte Technik sehr teuer war, und das analoge Telefonnetz nur für seltsam starre Standbilder, die sich ruckartig alle halbe Minute in ihrer Position am Bildschirm veränderten, nützlich war. 1995 wurde noch ein Bildtelefon mit dem Namen Xitel für das analoge Telefonnetz von der

Bildtelefonie 1987, Bildquelle [II]

Deutschen Telekom verkauft oder vermietet. Es überträgt maximal sieben Bilder pro Sekunde, wobei 20 Bilder pro Sekunde für eine ruckfreie Darstellung nötig wären. Seit 1993 bietet die Telekom ein Bildtelefon für das digitale ISDN-Netz (Integrated Services Digital Network) an. 1995 kostete dieses System einmalig 38.500 DM oder 980 DM Monatsmiete. Ein Application-Sharing würde aus dem Bildtelefon ein Videokonferenzsystem machen.

Videokonferenz 1996, Bildquelle [II]

PC, Workstation und ISDN bieten in Form der Videokonferenz eine günstige Alternative, wobei man beachten muß, daß die Einsatzbereiche sich je nach Anforderungsprofil gewaltig unterscheiden. Ein Computer ist heute schon oft vorhanden, so daß die Aufrüstung zur Videokonferenz keine Unsummen mehr verschlingt. Die Bildkommunikation mittels Computer, Aufrüstsatz und ISDN war 1995 um den Faktor 10 günstiger als die herkömmliche Bildtelefonie. Zum Aufrüstsatz gehören Einsteckkarten, Kamera, Mikrofon bzw Telefon u. Lautsprecher.

Bei Communique! können maximal zwei Kameras angeschlossen werden. Während eine Personenkamera meist auf dem Monitor befestigt wird, erlaubt eine Dokumentenkamera mit Schwanenhals, bzw. Schwenkarm z.B. auch die visuelle Übertragung eines auf dem Tisch liegenden Vertrags. Bei der Darstellung von Personen sollte eine möglichst naturgetreue Bewegungswiedergabe vor der optimalen Bildqualität liegen. Bei der Dokumentenkamera kann man dann die Bildwiederholungsrate senken, um ein schärferes Bild zu erhalten. Bei der Personenkamera auf dem Monitor gibt es das Problem, daß die Personen keinen direkten Blickkontakt haben, sondern "von oben" aufgezeichnet werden. Das Problem wird etwas gemildert, wenn man zwischen Bildschirm und Betrachter einen um 45 Grad geneigten, halbdurchlässigen Spiegel anbringt, so daß der Betrachter durch den Spiegel hindurch auf den Computermonitor schaut, während sein Spiegelbild gleichzeitig auf die Kamera gelenkt wird. Dies hilft aber nur der Person die in der Mitte vor dem Monitor sitzt, bei anderen Teilnehmern am Rande vom Bildschirm tritt der Fehlwinkel nach wie vor auf. Während einer Kommunikationspause sollte - statt die Kamera abzudecken - ein eigenes Standbild zur Gegenseite übertragen werden.

Als Mikrofon kann ein in der Kamera integrierter Tonabnehmer fungieren, ein handelsübliches ISDN-Telefon mit Freisprecheinrichtung (wenn der Rechner eine ISDN-Karte eingebaut hat), sowie sogenannte Headsets, die aus einem Ohrstecker mit einem daran befestigten Mikrofon bestehen. Dabei ist in jedem Fall eine Stummschalttaste sehr wichtig. Die Headsets sind zwar unempfindlicher gegen Störgeräusche, wie das Sirren von Festplatten oder Lüfter, dafür etwas ungewöhnlich in der Handhabung. Stellen Sie sich fünf Mitarbeiter mit einem Headset auf dem Kopf vor, deren Ohrstecker schon viele andere Konferenzteilnehmer vorher im Ohr hatten. Auf jeden Fall sollten sie ein langes Kabel haben. Komfortabler, aber auch mehr rückkopplungsgefährdet, sind kleine Aktivlautsprecher, auch sogenannte Multimedia-Lautsprecher, die neben dem Schallwandler auch einen Verstärker eingebaut haben. Neuere Konferenzsysteme besitzen aber mittlerweile eine wirksame Echokompensation.

Mindestanforderungen an den Rechner können Sie unter -> Kapitel 1.0 Einführung Multimedia erfahren. Jede Workstation oder jeder PC benötigt eine oder mehrere extra Einsteckkarten, z.B. mit einer integrierten ISDN-, Graphik-, oder Audio-Einheit, um sinnvoll arbeiten zu können. Diese Karten nehmen dem Rechnerprozessor die Bild- und Audioverarbeitung und dem Rechnerbus den großen Datenverkehr ab, so daß CPU und Bus sich auf das andere Application-Sharing konzentrieren können. Da können die freien Karteneinsteckplätze schnell belegt sein. Eine reine Softwarelösung reicht auf jeden Fall nicht für professionelles Arbeiten.

Beim Application-Sharing können die Konferenzteilnehmer an unterschiedlichen Orten gemeinsam mit einem Programm arbeiten, welches dabei nur auf einem Rechner läuft. Dieser Rechner stellt Bedienungsfunktionen wie mehrere Tastatureingaben oder Maussteuerungen zur Verfügung. So kann ein Dokument gemeinsam über viele Kilometer hinweg bearbeitet werden. Kleinere Datenmengen werden mit den üblichen Befehlen Copy und Paste über die Zwischenablage ausgetauscht. Größere Files werden per Filetransfer elektronisch verschickt -> Kapitel 4.5. Multimedia-Mail / InformationExchangeTool.

Videokonferenzen sind heute innerhalb eines Gebäudes über ein LAN (Local Area Network) zu realisieren, weltweit über ISDN, später auch über Datenautobahnen. Damit Konferenzsysteme unterschiedlicher Hersteller miteinander in Verbindung treten können, wurden international verschiedene Standards eingeführt und normiert -> Kapitel 6. Formate, Netze und Bildschirm.

Diese elektronischen Meetings reduzieren nicht nur Reise- und Koordinationszeiten, sondern senken auch den Zeitbedarf der Besprechung selbst. Außerdem gehen Untersuchungen von einer Qualitätssteigerung bei den Ergebnissen aus, da sich bei den virtuellen Treffen die Dominanz einzelner Personen weniger stark auswirkt und dadurch weniger Gewichtung der Beiträge stattfindet. Der Verlauf der elektronischen Sitzung läßt sich zudem lückenlos protokollieren.

Auch der Platz, an dem das Videokonferenzsystem aufgebaut ist, sollte konferenzgerecht gestaltet werden. So ist eine einfarbige, dunkle Wand besser für eine gute Bildqualität geeignet, als ein Bücherregal oder ein sich drehender Ventilator im Hintergrund. Von eng gemusterter, oder gestreifter Kleidung, sowie von Neonlicht oder wechselndes Tageslicht ist abzuraten. Ein gutes Ergebnis erzielen Halogenstrahler, die gegen Decke oder Wand gerichtet sind und ein weiches und diffuses Licht verbreiten.

Einige Sicherheitsaspekte gibt es zum Schluß noch zu bedenken: Auf Wunsch muß dem Kommunikationspartner ein Nur-Lese-Zugriff eingeräumt werden können. Private Fenster, die unter dem gemeinsam genutzten Fenster liegen, sollten erst gar nicht mit übertragen, und auf dem eigenen Bildschirm ausgeblendet werden.

Was die Zukunft den Videokonferenzen noch bringt, erfahren Sie im -> Kapitel 8.1.2. Zukunft Videokonferenz.

[2], [10]

5.3. Communique! - Videokonferenz

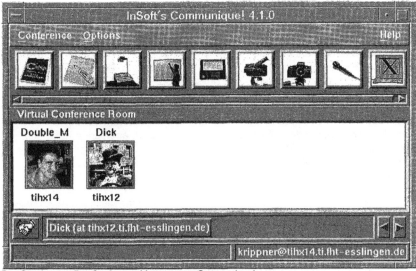

Das Startfenster: Der ConferenceManager von Communique!

Dies ist die Startoberfläche von der Videokonferenzsoftware Communique! und heißt
ConferenceManager. Der Start erfolgt über die Kommandoeingabe: <communique>
im X-Term bzw. hpterm, und dem Drücken der Returntaste.

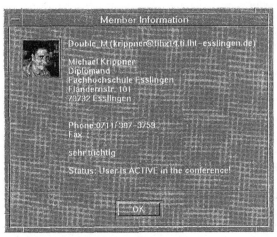

Jeder Teilnehmer kann sich eine eigene BusinessCard erstellen. Diese dient der Hintergrundinformation über Teilnehmer während die Konferenz läuft. In diesem Fall sind erst mal nur die Fotos aller beteiligten Personen oder Gruppen im ConferenceManager dargestellt. Möchte man mehr über den ein oder anderen Teilnehmer wissen, kann man mit einem Doppelmausklick auf das betreffende Foto ein weiteres Informationsfenster öffnen.

Zur Erstellung der BusinessCard findet man unter dem Conference-Menü den Befehl CreateBusinessCard. Hier trägt man alle nötigen Angaben ein und macht mit dem Befehl PhotoBooth und der Kamera ein Foto von sich selbst.

Der ConferenceManager bietet zudem eine SpeedDialBar. Mit ihr lassen sich Voreinstellungen machen, die einen Konferenzaufbau erleichtern. Das Icon mit den zwei schüttelnden Händen ruft einen Editor auf, mit dem man die Knöpfe in der SpeedDialBar programmieren kann. Im Prinzip ist dieser Editor eine Adreß- und Anwähldatei der Teilnehmer. In diesen Editor können bis zu 23 andere Personen oder Gruppen aufgenommen werden. So muß nicht umständlicherweise aus dem Conference-Menü "Start" gewählt und die Adresse des Kommunikationspartner eingegeben werden, sondern ein Klick auf den vorher programmierten Knopf genügt, und der Partner wird zur Videokonferenz eingeladen. Bei "Start" öffnet sich ein Fenster mit einer Liste aller bisherigen Teilnehmer. Die Adresse eines neuen Teilnehmers kann von Hand direkt eingegeben werden, oder erst in das PersonalNoteBook eingetragen werden. Dabei sieht die Adresse wie eine Email-Adresse aus: <user@host>, also z.B. <krippner@tihx01.ti.fht-esslingen.de>. Dieses PersonalNoteBook dient auch zur Gruppenbildung. Das bedeutet, daß mehrere Teilnehmer unter einem Namen (Knopf) mit einem Mausklick zur selben Zeit eingeladen werden. Daneben gibt es noch das CorporateNoteBook, einer Adressenliste, die für alle Konferenzteilnehmer einsehbar und editierbar ist. Mit einer zusätzlichen Funktion kann man Communique! selbsttätig nach anderen Communique!-Programmbetreibern das Netz absuchen lassen.

Nach dem Startbefehl erscheint beim gewünschten Partner ein Fenster und fragt ihn, ob er in eine Videokonferenz einsteigen möchte. Bejaht (accept) er dies durch den richtigen Knopfdruck, erscheinen bei beiden da, wo vorher stand: "The Conference Room is Empty!", die Teilnehmerfotos. Im Falle einer Ablehnung (reject), oder der Partner hat kein Communique! geöffnet, oder dessen Computer ist schlichtweg ausgeschaltet, bekommt der Konferenz-Initiator eine entsprechende Meldung, daß ein Verbindungsaufbau nicht möglich ist. Im Preferences-Menü unter dem Options-Menü kann man, neben anderen Voreinstellungen, auch jene aktivieren, daß man von vornherein alle Einladungen annimmt. Da Communique! Multipoint-fähig ist, können mit dem Befehl "AddMembers" unter dem Conference-Menü noch weitere Personen von unterschiedlichen Standorten zur laufenden Konferenz eingeladen werden.

Mit dem PluginConfigurationTool kann man bis zu 9 Plugins bzw. Icons, die auf einfachem Knopfdruck die gewünschte Applikation öffnen, als Standardkonfiguration im ConferenceManager plazieren. Alle unter Communique! zur Verfügung stehenden Applikationen sind in einem der vorangegangenen Kapitel schon erläutert worden, bis auf das...

5.4. TV Tool

 Communique!

5.4.1. Kurzbeschreibung

Das TV Tool versendet das eigene Livebild und empfängt von anderen Teilnehmern deren Livebild und stellt das eigene, sowie alle Partnerlivebilder, in jeweils einem Fenster am Bildschirm dar.

5.4.2. Funktion

Beim Klick auf das TV Tool öffnet sich folgendes Fenster:

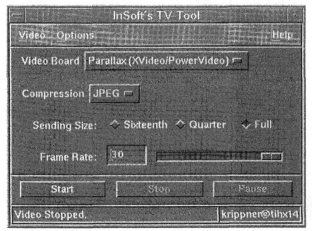

Steuerungsfenster vom TV Tool von Communique!

Die Einstellungen hier beziehen sich nur auf das eigene Kamerabild, welches ja auch zu den anderen Teilnehmern gesendet wird. Mit dem "Start"-, "Stop"- und "Pause"-Button wird das eigene Livebild verschickt, oder eben auch nicht. Von Firmenseite her ist eingestellt, daß sofort nach Konferenzaufbau die Livebilder automatisch gesendet werden. Unter Options, im Untermenü Preferences läßt sich diese Automatik abschalten. Es kann die aktuelle Bildrate (Framerate) von 0 bis 30 Frames pro Sekunde eingestellt werden. Für eine ruckfreie Darstellung werden mindestens 20 Bilder pro Sekunde benötigt. Desweiteren läßt sich die Fenstergröße bestimmen, sowie das Videoformat, welches zur Übertragung verwendet werden soll. Man kann hier zwischen CellB, JPEG und H.261 wählen -> Kapitel 6. Formate,

Netze und Bildschirm. Unter VideoBoard können Sie einstellen, welches Videoboard Sie benutzen möchten, falls Sie in der glücklichen Lage sind, mehrere zu besitzen. Das empfangene Livebild des Partners erscheint in einem extra Fenster. Dieses Fenster bietet im Menü die Features Freeze, Copy und Settings an, mit denen das Bild des Partners "eingefroren", kopiert und später weiter verwendet werden kann. Die Settings enthalten z.B. eine Zoomfunktion (Bild vergrößern oder verkleinern), oder eine Funktion, daß das empfangene Fenster nie durch ein anderes verdeckt wird.

Das Option-Menü des TV Tool bietet folgende Features an:

Preferences: hier kann man einstellen, wer das eigene Livebild bekommen soll, und welche Livebilder man empfangen möchte.

Networking:

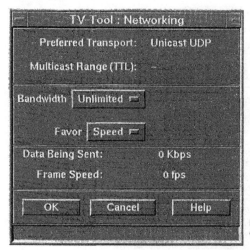

Networkingfenster unter Options von
Communique!

TV Tool unterstützt das verbindungslose Netzwerktransportprotokoll IP, in Kurzform UDP/IP. Den Ablauf eines Verbindungsauf- und -abbaus können sie im -> Kapitel 5.5. Praxistauglichkeit Communique! begutachten. Mit der MulticastRange stellt man ein, wie lange ein "Übertragungspaket" längstens durchs Netz irren darf, bis es hoffentlich dann doch noch seinen Empfänger findet. Desweiteren läßt sich die benötigte Bandbreite zwischen 56 Kbps (Kilobits per second) und "Unlimited" einstellen (Unlimited liegt je nach Netzbelastung in der Größenordnung 1500 Kbps). Mit der Favor-Funktion kann man seine Vorliebe für gute Bildqualität oder höhere Bildrate unterstützen. DataSent zeigt die tatsächlich gesendeten Kbps an. FrameSpeed zeigt die augenblickliche übertragene Bildrate an.

Video:

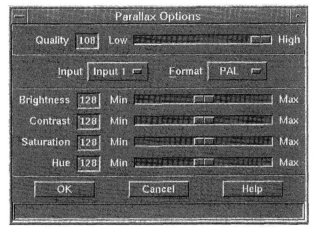

Video-Menü unter Options
von Communique!

In dieser Dialogbox können Einstellungen zur Parallax Videokarte gemacht werden.
Die QualityScale ist in einem Bereich von 0 bis 10 einstellbar. 0 unterstützt die
höchste Videokomprimierung, aber die schlechteste Bildqualität. 10 liefert die beste
Bildqualität, aber das Videolivebild ist so gut wie unkomprimiert. Neben der Wahl von
Videokarteneingang 1 oder 2 und dem Livevideoformat NTSC, PAL oder SECAM,
können die Helligkeit, der Kontrast, der Farbton und die Farbsättigung im Bereich 0
bis 256 verändert werden. Defaultwert ist jeweils 128.

5.5. Praxistauglichkeit Communique!

Die Videokonferenzsoftware Communique! der Firma InSoft ist sehr gut entwickelt,
mit sehr viel Liebe fürs Detail. Die Applikationen sind alle aufeinander abgestimmt.
Was bei diesen fehlt, wird durch die Applikationen von MPower ergänzt.

Nach dem Hochbooten der Workstation muß man von Firmenseite, eingestellte 2
Minuten warten, bis man Communique! starten kann. Die Firma InSoft vergibt für
jede Workstation eine extra Lizenz (im Winter 1995 kostete eine Lizenz ca. DM
4500,- , inkl. MwSt.). Diese Lizenz besteht aus einem nur der Firma InSoft
bekannten Code, berechnet aus Seriennummer und Workstationadresse. Deswegen
kann Communique! nur bei dieser einen Workstation laufen. Desöfteren mußte man
nach dem Schließen von Communique! noch laufende Prozesse (aus welchen
Gründen auch immer) unter Unix "killen", um wieder auf einer anderen Workstation
Communique! neu starten zu können. Communique! war bis dahin wohl der
Auffassung, daß mehr Personen als vorhandene Lizenzen das Programm starten
wollten.

Die größte Ungeschicktheit ist, daß man niemanden zu einer Konferenz oder zum Application-Sharing einladen kann, der nicht das Programm Communique! geöffnet hat. So ist man dazu verdammt, dem Partner z.B. vorab eine Email zu senden, mit den Worten: "Lieber Kollege, starte bitte in zwei Minuten die Videokonferenzsoftware Communique!, ich möchte Dich dann fragen, ob ich Dich zu einer Videokonferenz einladen darf."

Die BusinessCard erlaubt pro Zeile maximal 31 Zeichen. Bei einer Eintragungsänderung, wäre es schön, wenn man den alten Text "highlighten" könnte, um ihn auf einmal zu löschen bzw. zu überschreiben. Obwohl man jedes beliebige Image als Foto in die BusinessCard laden können soll, war es nicht möglich ein Image im TIF-Format aufzunehmen. Beim Einfügen des Fotos sollte man unbedingt darauf achten, daß man zum Schluß zusätzlich auf "Save Foto" geht, da dieses sonst verloren ist.

Manchmal bleibt das empfangene Livebild nicht in seinem Fensterrahmen, sondern "läuft durch". Dann startetet man ein kleines Programm "Calibrate", welches mit der Parallax-Software mitgeliefert wurde. Dazu gibt man im X-Term bzw. hpterm ein: <Calibrate>. Mit diesem Programm kann man den Bildschirm für das Livebild frisch kalibrieren.

Die Parallax-Videokarte scheint die Videokodierung H.261 nicht zu verstehen, ansonsten wäre in der Option Networking neben CellB und JPEG tatsächlich auch H.261 anzuwählen. Wenn dem so ist, dann dürfte es äußerst schwierig werden mit Videokonferenzsystemen anderer Hersteller eine Verbindung aufzubauen.

Die Videokarte von Parallax ist wohl ein hochempfindliches "Bauteil". Eine echte Videokonferenz konnte erst gegen Ende der Diplomarbeit durchführt werden. Zuvor ließ sich ein Livebild von Workstation tihx14 zu der Workstation tihx12 senden und wurde dort auch empfangen. Bei umgekehrter Vorgehensweise stürzten manchmal eine, manchmal beide Workstations ab, und mußten ganz neu hochgebootet werden. Zuvor gab es gelegentlich die Fehlermeldung:

do_timeout: unit = 0
service_timeout: arg = 0

Die Fehlerbeseitigungsmaßnahmen, wie Umkopieren von kompletter Communique!-Software von einer auf die andere Workstation, sowie umgekehrt, der gleiche Vorgang mit dem kompletten Betriebssystem, blieben erfolglos. Dann konnte es nur noch an der Hardware oder dem Netz liegen. Daraufhin wurden bei beiden Workstations die Parallax-Videokarten gegen neue ausgetauscht - ohne Erfolg. Mit dem Networkanalyzer DA 30 von Wandel & Goltermann wurde daraufhin der Verbindungsauf- und -abbau der Workstations tihx12 und tihx14 auf dem Ethernet der Fachhochschule Esslingen untersucht. Hier ein Auszug aus dem Ergebnis vom **Verbindungsaufbau von tihx12 zu tihx14:**

---------------------- N E W F R A M E ----------------------	---------------------- N E W F R A M E ----------------------
Frame ID 1	Frame ID 2
Frame Length 257	Frame Length 205
Frame Time 09:44:04.60816	Frame Time 09:44:04.61702
MAC: ----- ETHERNET/IEEE 802.3 MAC HEADER -----	MAC: ----- ETHERNET/IEEE 802.3 MAC HEADER -----
MAC:	MAC:
MAC: DESCRIPTION HEX BINARY	MAC: DESCRIPTION HEX BINARY
MAC: Destination Address (DA) 08-00-09-3D-73-32	MAC: Destination Address (DA) 08-00-09-0E-FB-A6
MAC: Destination Address Symbol tihx14	MAC: Destination Address Symbol tihx12
MAC: Manufacturer Address : H-P 08-00-09	MAC: Manufacturer Address : H-P 08-00-09
MAC: Address BYTE 0 .... 08 0000 1000	MAC: Address BYTE 0 .... 08 0000 1000
MAC: Physical Address 0	MAC: Physical Address 0
MAC: Source Address (SA) 08-00-09-0E-FB-A6	MAC: Source Address (SA) 08-00-09-3D-73-32
MAC: Source Address Symbol tihx12	MAC: Source Address Symbol tihx14
MAC: Manufacturer Address : H-P 08-00-09	MAC: Manufacturer Address : H-P 08-00-09
MAC: Address BYTE 0 .... 08 0000 1000	MAC: Address BYTE 0 .... 08 0000 1000
MAC: Physical Address 0	MAC: Physical Address 0
MAC: Type / Length 0800	MAC: Type / Length 0800
MAC: Logical Name : IP	MAC: Logical Name : IP
MAC: Frame Check Sequence is Good	MAC: Frame Check Sequence is Good
MAC:	MAC:
IP: ----- INTERNET PROTOCOL HEADER -----	IP: ----- INTERNET PROTOCOL HEADER -----
IP:	IP:
IP: DESCRIPTION HEX BINARY	IP: DESCRIPTION HEX BINARY
IP: Version .... 04 4 d	IP: Version .... 04 4 d
IP: Header Length (Octets) .... 14 20 d	IP: Header Length (Octets) .... 14 20 d
IP: Type Of Service 00 0000 0000	IP: Type Of Service 00 0000 0000
IP: Precedence 000	IP: Precedence 000
IP: Routine(Normal)	IP: Routine(Normal)
IP: Normal Delay 0	IP: Normal Delay 0
IP: Normal Throughput 0	IP: Normal Throughput 0
IP: Normal Reliability 0	IP: Normal Reliability 0
IP: Total Length .... 00EF 239 d	IP: Total Length .... 00BB 187 d
IP: Fragment Fields	IP: Fragment Fields
IP: Original Datagram ID .... 6E28 28200 d	IP: Original Datagram ID .... C785 51077 d
IP: Fragment Control 0000 0000 0000 0000 0000	IP: Fragment Control 0000 0000 0000 0000 0000
IP: May Fragment 0	IP: May Fragment 0
IP: Last/Only Fragment 0	IP: Last/Only Fragment 0
IP: Fragment Offset (8-Octet Units) ... 0 d 0 0000 0000 0000	IP: Fragment Offset (8-Octet Units) ... 0 d 0 0000 0000 0000
IP: Time to Live (Hop Count) .... 1E 30 d	IP: Time to Live (Hop Count) .... 1E 30 d
IP: Protocol .... 06 6 d	IP: Protocol .... 06 6 d
IP: TCP	IP: TCP
IP: Header Checksum (Good) 1AAB	IP: Header Checksum (Good) C181
IP: Source Address 866C032E	IP: Source Address 866C0330
IP: [134.108.3 .46]	IP: [134.108.3 .48]
IP: Destination Address 866C0330	IP: Destination Address 866C032E
IP: [134.108.3 .48 }	IP: [134.108.3 .46]
IP: Options (Not Present)	IP: Options (Not Present)
IP:	IP:
TCP: ----- TRANSPORT CONTROL PROTOCOL HEADER ----	TCP: ----- TRANSPORT CONTROL PROTOCOL HEADER ----
TCP:	TCP:
TCP: DESCRIPTION HEX BINARY	TCP: DESCRIPTION HEX BINARY
TCP: Source Port .... 1996 6550 d	TCP: Source Port .... 0B73 2931 d
TCP: Destination Port .... 0B73 2931 d	TCP: Destination Port .... 1996 6550 d
TCP: Sequence Number 0BAF5474	TCP: Sequence Number 6AA91E55
TCP: Acknowledgement Number 6AA91E55	TCP: Acknowledgement Number 0BAF553B
TCP: Data Offset .... 14 20 d	TCP: Data Offset .... 14 20 d
TCP: Control Bits 18 0001 1000	TCP: Control Bits 18 0001 1000
TCP: Urgent pointer field is invalid 0	TCP: Urgent pointer field is invalid 0
TCP: Acknowledgement field is valid 1	TCP: Acknowledgement field is valid 1
TCP: This segment requests a push 1	TCP: This segment requests a push 1
TCP: Do not reset the connection 0	TCP: Do not reset the connection 0
TCP: Do not synchronize sequence numbers . 0	TCP: Do not synchronize sequence numbers . 0
TCP: Sender is not at end of byte stream . 0	TCP: Sender is not at end of byte stream . 0
TCP: Window Size .... 2000 8192 d	TCP: Window Size .... 2000 8192 d
TCP: Checksum (Good) .... CAFE	TCP: Checksum (Good) 8421
TCP: Urgent Pointer (Invalid) .... 0000 0 d	TCP: Urgent Pointer (Invalid) .... 0000 0 d
TCP:	TCP:
DUMP: ----- REST OF FRAME DATA -----	DUMP: ----- REST OF FRAME DATA -----
DUMP:	DUMP:
DUMP: 0000- 00 00 00 C7 00 02 00 00 08 00 00 00 00 00 00 BB	DUMP: 0000- 00 00 00 93 00 02 00 00 08 00 00 00 00 00 00 87
DUMP: 0010- 00 00 00 01 00 00 00 3D 00 00 00 3C 00 00 00 00	DUMP: 0010- 00 00 00 01 00 00 00 3C 00 00 00 3D 00 00 00 00
...	...

```
---------------- N E W   F R A M E ----------------        ---------------- N E W   F R A M E ----------------
Frame ID ................................. 3                Frame ID ................................. 4
Frame Length ........................ 64                    Frame Length ........................ 1518
Frame Time ................... 09:44:04.80166              Frame Time ................... 09:44:21.19686
MAC:      ----- ETHERNET/IEEE 802.3 MAC HEADER -----       MAC:      ----- ETHERNET/IEEE 802.3 MAC HEADER -----
MAC:                                                       MAC:
MAC:  DESCRIPTION            HEX      BINARY               MAC:  DESCRIPTION            HEX      BINARY
MAC:  Destination Address (DA) ............. 08-00-09-3D-73-32    MAC:  Destination Address (DA) ............. 08-00-09-3D-73-32
MAC:  Destination Address Symbol ........... tihx14        MAC:  Destination Address Symbol ........... tihx14
MAC:    Manufacturer Address : H-P ......... 08-00-09      MAC:    Manufacturer Address : H-P ......... 08-00-09
MAC:    Address BYTE 0 ............... 08     0000 1000    MAC:    Address BYTE 0 ............... 08     0000 1000
MAC:    Physical Address ................       0          MAC:    Physical Address ................       0
MAC:  Source Address (SA) ................. 08-00-09-0E-FB-A6    MAC:  Source Address (SA) ................. 08-00-09-0E-FB-A6
MAC:  Source Address Symbol ............... tihx12          MAC:  Source Address Symbol ............... tihx12
MAC:    Manufacturer Address : H-P ......... 08-00-09      MAC:    Manufacturer Address : H-P ......... 08-00-09
MAC:    Address BYTE 0 ............... 08     0000 1000    MAC:    Address BYTE 0 ............... 08     0000 1000
MAC:    Physical Address ................       0          MAC:    Physical Address ................       0
MAC:  Type / Length ........................ 0800          MAC:  Type / Length ........................ 0800
MAC:  Logical Name : IP                                     MAC:  Logical Name : IP
MAC:  Frame Check Sequence is Good                          MAC:  Frame Check Sequence is Good
MAC:                                                       MAC:
IP:        ----- INTERNET PROTOCOL HEADER -----             IP:        ----- INTERNET PROTOCOL HEADER -----
IP:                                                         IP:
IP:  DESCRIPTION            HEX      BINARY                 IP:  DESCRIPTION            HEX      BINARY
IP:  Version ..................... 04     4 d              IP:  Version ..................... 04     4 d
IP:  Header Length (Octets) ............... 14    20 d     IP:  Header Length (Octets) ............... 14    20 d
IP:  Type Of Service .................... 00    0000 0000  IP:  Type Of Service .................... 00    0000 0000
IP:    Precedence .........................       000      IP:    Precedence .........................       000
IP:    Routine(Normal)                                     IP:    Routine(Normal)
IP:    Normal Delay ......................       0          IP:    Normal Delay ......................       0
IP:    Normal Throughput ................       0          IP:    Normal Throughput ................       0
IP:    Normal Reliability ................       0          IP:    Normal Reliability ................       0
IP:  Total Length ......................... 0028    40 d   IP:  Total Length ......................... 05DC    1500 d
IP:  Fragment Fields                                       IP:  Fragment Fields
IP:    Original Datagram ID ............... 6E2D    28205 d IP:    Original Datagram ID ............... 6EF8    28408 d
IP:    Fragment Control ................... 0000    0000 0000 0000 0000    IP:    Fragment Control ................... 2000    0010 0000 0000 00€
IP:    May Fragment ......................       0          IP:    May Fragment ......................       0
IP:    Last/Only Fragment ...............       0          IP:    More Fragments ...................       1
IP:    Fragment Offset (8-Octet Units) ... 0 d    0 0000 0000 0000    IP:    Fragment Offset (8-Octet Units) ... 0 d    0 0000 0000 0
IP:  Time to Live (Hop Count) ............. 1E    30 d     IP:  Time to Live (Hop Count) ............. 1E    30 d
IP:  Protocol ............................ 06    6 d       IP:  Protocol ............................ 11    17 d
IP:  TCP                                                   IP:  UDP
IP:  Header Checksum (Good) ............... 1B6D           IP:  Header Checksum (Good) ............... F4E2
IP:  Source Address ....................... 866C032E        IP:  Source Address ....................... 866C032E
IP:    [134.108.3  .46 ]                                   IP:    [134.108.3  .46 ]
IP:  Destination Address ................. 866C0330         IP:  Destination Address ................. 866C0330
IP:    [134.108.3  .48 ]                                   IP:    [134.108.3  .48 ]
IP:  Options (Not Present)                                 IP:  Options (Not Present)
IP:                                                         IP:  Fragment Dump:
TCP:      ----- TRANSPORT CONTROL PROTOCOL HEADER ----     IP:    05 53 ED 11 09 04 02 6C   00 00 08 D8 00 00 08 D8 .S....1..
--                                                         IP:    00 00 00 00 00 00 00 01   31 89 C8 1D 00 0D EB C0 .......1
TCP:                                                       IP:    4A 34 32 32 00 02 00 04   01 80 01 20 5E 01 00 00 J422....
TCP:  DESCRIPTION            HEX      BINARY                IP:    00 FF FF FF E6 A8 A0 02   8A 00 28 A0 02 8A 00 28 ...(...
TCP:  Source Port ......................... 1996    6550 d IP:    A0 02 8A 00 28 A0 02 8A   00 28 A0 02 8A 00 28 A0 ...(...
TCP:  Destination Port ................... 0B73    2931 d  ... Ab hier werden nur noch Videodaten gesendet...
TCP:  Sequence Number ..................... 0BAF553B
TCP:  Acknowledgement Number ............... 6AA91EE8
TCP:  Data Offset ......................... 14    20 d
TCP:  Control Bits ......................... 10    0001 0000
TCP:    Urgent pointer field is invalid .....       0
TCP:    Acknowledge field is valid ......       1
TCP:    This segment does not request a push       0
TCP:    Do not reset the connection ........       0
TCP:    Do not synchronize sequence numbers .       0
TCP:    Sender is not at end of byte stream .       0
TCP:  Window Size ......................... 2000    8192 d
TCP:  Checksum (Good) ..................... 6D19
TCP:  Urgent Pointer (Invalid) ............. 0000    0 d
```

Exkurs TCP/IP

Man erkennt, daß die ersten drei Datenrahmen verbindungsorientiert über das TCP/IP-Protokoll die Partnerworkstation kontakten. Das erste Paket ist die Anfrage, das zweite die Quittung, das dritte ist die Ankündigung was jetzt folgt. Alle weiteren Datenpakete, inklusive Videodaten, werden dann verbindungslos mit dem UDP/IP-Protokoll einfach aufs Netz gegeben.

Das Transmission Control Protocol (TCP) ist ein verbindungsorientiertes End-to-End Protokoll der Schicht 4 des ISO-OSI 7-Schichtenmodells und wird als sicheres Host-to-Host Protokoll zwischen Hosts in paketorientierten Netzwerken benutzt. Das User Datagramm Protocol (UDP) erlaubt es Anwendungsprozessen ohne Aufbau einer virtuellen Verbindung Daten auszutauschen. TCP und UDP setzen auf IP auf. IP (Darpa Internet Program) ist für den Transport zuständig und ermöglicht den Austausch der Daten über mehrere Netze hinweg. Während IP die Adresse und einen Absender (für die Empfangsbestätigung) auf den "Paketumschlag" schreibt, vermerkt TCP unter anderem eine Prüfsumme und eine laufende Nummer. Die Übertragungskapazität ist nicht sehr hoch, da ein Datenpaket bzw. ein Rahmen oder Fenster eine Größe von 64 KByte hat.

Nach dem Vergleich von Verbindungsauf- und -abbau von tihx14 nach tihx12 und umgekehrt, konnte man feststellen, daß beide Ergebnisse absolut identisch waren, d.h. daß der Fehler auch nicht hier zu suchen war. . . ?

Wie so oft, liegt die Lösung so nah, daß man sie lange Zeit übersieht. In die Softwareüberlegungen in Bezug auf Communique! und Betriebssystem wurde die extra Software für die Parallax-Videokarte nicht mit einbezogen. Diese Software wurde auf einer DAT (Digital Audio Tape) angeliefert und muß mit einem DAT-Streamer auf die Workstation aufgespielt werden. Da das Bandmaterial unter anderem aus flexiblem Kunststoff besteht, kann es durchaus sein, daß bei Geschwindigkeitsschwankungen des DAT-Streamers das ein oder andere Bit verloren ging. Nachdem die Parallax-Software auf beide Workstations erneut aufgespielt war, funktionierte auch die Videokonferenz.

6. Formate, Netze und Bildschirm

6.1. Bildkodierung

Die Bildverarbeitung befaßt sich mit der Bilderfassung, -wiedergabe, -speicherung, -übertragung und der Bildkodierung. Ein Bildverarbeitungssystem besteht aus einem Kodierer (Coder) , der einen A/D-Wandler (Analog-Digital-Konverter) und die Kodierungseinheit enthält, sowie einem Dekodierer (Decoder), der aus einem A/D-Wandler und der Dekodierungseinheit besteht.

Digitalisiert man Videodaten in einer hohen Qualität und speichert diese unkomprimiert ab, so belegen 90 Minuten Video einen Speicherbereich von 200 Gigabytes! Um digitale Bilder effektiv, d.h. mit möglichst geringer Belastung des physikalischen Netzes, wie z.b. LAN, WAN oder Internet, von einem Ort zum anderen zu übertragen, ist eine Bildkodierung notwendig. Damit wird die Datenmenge für die Zeit der Datenübertragung verringert und erst beim Empfänger wird die Datei in der gewünschten Qualität wieder aufgebaut (dekomprimiert).

Zum einen gib es die verlustfreie Kodierung (Datenkompression), bei der das Original fehlerfrei wieder rekonstruiert wird. Dabei spielen Redundanzen eine Rolle. Redundanzen sind Informationen, die mehrfach in einer Datei vorkommen und deshalb nur einmal übertragen werden müssen. Zum anderen wird die verlust-behaftete Kodierung (Datenreduktion) eingesetzt, bei der irrelevante Informationen nicht berücksichtigt werden. Damit erreicht man eine höhere Kompressionsrate.

Generell kann man sagen: Je höher die Kompressionsrate des Video-Codecs (Coder/Decoder), desto höher ist die Wahrscheinlichkeit für eine schlechtere Bildqualität, die aber nur subjektiv meßbar ist.

Anforderungen an Kodierstandards:

- Bildfehlerkorrektur: Fehler, die bei der Wiederdarstellung eines Bildes auftreten, müssen bis zu einem gewissen Grad eliminiert werden.

- Skalierbarer Codec: je nach gewünschter Qualität.

- Format- und Auflösungsvielfalt: Unterstützung vieler Formate und Auflösungen.

- Kostenfaktor: der Algorithmus für ein Codec soll möglichst kostengünstig (z.B. wenig Hardware) realisiert werden.

- Wahlfreier Zugriff: bei einer Videosequenz muß man auf jedes einzelne Bild (Frame) zugreifen können, um es z. B. zu editieren (bearbeiten).

- Schneller "Vor- und Rücklauf", sowie das Rückwärtsabspielen einer Videosequenz.

- Audiovisuelle Synchronisation: synchrones Abspielen von Audio und Video.

Um ein Bild in einen Computer "aufzunehmen" muß es digitalisiert werden. Das Bild wird über eine Optik auf einen Sensor abgebildet und in ein elektrisches Signal verwandelt. Dieses analoge Signal wird durch Abtastung und Quantisierung in ein digitales Signal gewandelt, welches dann bearbeitet und gespeichert werden kann. Diese digitalen Bilder bestehen aus einer Matrix mit Pixelwerten. Ein Pixelwert enthält die Information in Bits, die zur Darstellung eines Bildpunktes gebraucht wird.

Für die Komprimierung werden die Eigenschaften des menschlichen Auges ausgenutzt:

- maximale Wahrnehmung des Auges von jeweils 256 Abstufungen der Farben, Rot, Grün und Blau.

- maximale Unterscheidung von 660 Helligkeitsstufen

- maximale Unterscheidung von 60.000 Farbstufen

- Für hohe Luminanzwerte (Helligkeit) ist ab einer Bildwiderholfrequenz von 70 Hz ein Flackern kaum wahrnehmbar.

- Eine volle Auflösung wird für das Auge nur bei einem statischen Bild gebraucht. Bei Videosequenzen werden langsame Bewegungen nicht wahrgenommen, und bei schnellen Bewegungen sinkt die Wahrnehmungsfähigkeit für Helligkeit und Farbe.

Der Standardansatz zur Kodierung von Schwarzweiß- bzw. Grauwert-Pixelbildern ist der **Huffman-Code**. Die Grundidee liegt darin, Pixelwerten, die mit hoher Wahrscheinlichkeit auftreten, kurze Codeworte zuzuordnen. Darauf aufbauenden Kodierungsverfahren sind die **DCT** (Discrete Cosine Transformation), die **DPCM** (Differential Pulse Code Modulation) und die **Motionkompensation**. Bei der DCT wird aus der räumlichen Pixelanordnung ein Frequenzspektrum errechnet. Der dabei entstehende Koeffizientensatz gibt an, wie häufig die jeweiligen Frequenzkomponenten im Bild auftreten. Niedrige Frequenzen beschreiben großflächige Bildteile, hohe Frequenzen kleine Bildausschnitte. Eine Quantisierung reduziert die Datenmenge durch Abschneiden von Kommastellen und Rundungen. Sehr schwach ausgeprägte Frequenzkomponenten werden dadurch zu Null. Die Informationen, die dabei verloren gehen sind größtenteils für das menschliche Wahrnehmungsvermögen redundant. Detaillierte Erläuterungen finden Sie in weiterführender Literatur.

Diese Kodierungsverfahren finden sich in weltweiten Standards wieder. Die wichtigsten Standards zur Bildkodierung sind

- JPEG-Standard (Joint Photographic Experts Group) für Standbildkompression

- H.261-Standard für Videokonferenzen und Videotelefonie

- MPEG-Standard zur Codierung von Videosequenzen.
[2]

6.2. JPEG

Der JPEG-Standard wurde Mitte der 80er Jahre von einem gemeinsamen Gremium von ISO und CCITT, der Joint Photographic Experts Group, zur Kodierung von Standbildern definiert und ist im ISO-Standard ISO/IEC JTC1 10918 erläutert (ISO: International Standardization Organzation, IEC: International Electrotechnical Commission).

JPEG teilt ein Farbbild in drei Komponenten auf:

- in Y für die Luminanz (Helligkeit),

- in U und V oder in C_R und C_B für die Chrominanz (Farbsättigung, Rot- und Blauanteile der Farbkomponenten).

Ein Graustufenbild stellt nur eine Komponente dar. Die Komponenten besitzen Werte über horizontale und vertikale Auflösungen, die in verschiedener Bittiefe dargestellt werden. Die Komponenten werden dann in 8x8-Bildpunktblöcke aufgeteilt. Auf jeden dieser Blöcke wird die Diskrete ungerade Kosinustransformation (DCT) angewendet: durch diese arithmetische Bearbeitung entstehen Spektral-Koeffizienten. Diese Koeffizienten werden vor der Übertragung, neben anderen Codierungsmöglichkeiten, mit der "Sequentiellen Kodierung" in einer Zick-Zack-Reihenfolge Huffman-kodiert.

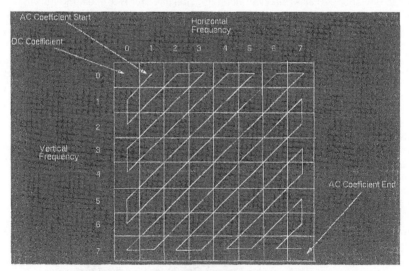

8x8-Bildpunktblock mit Huffman-Kodierung in Zick-Zack-Reihenfolge

In der Quantisierung der Spektralkoeffizienten liegt der eigentliche Informations-verlust und damit der Kompressionsgewinn. Die so entstandenen Daten können nach der Speicherung oder Übertragung durch den inversen Prozeß wieder in ein Bild dekodiert werden.

Eine Weiterentwicklung von JPEG stellt **Motion-JPEG** dar. Hierbei werden einzelne
Bilder aneinander gereiht. Die entstandene Bildersequenz wird als Video aufgefaßt,
welches keine Möglichkeiten zur Addition von Audiodaten bietet. Der Vorteil des
Motion-JPEG-Formats sind der einfache Ablauf von Kodierung und Dekodierung und
der wahlfreie Zugriff innerhalb einer Bilderfolge. Das MovieTool von MPower arbeitet
mit diesem Format -> Kapitel 4.8.2.4. MovieTool. Motion-JPEG verliert immer mehr
an Bedeutung. Als Standardformat wird heute fast überall MPEG eingesetzt
-> Kapitel 6.5. MPEG.
[3]

6.3. ITU-Standards

Die ITU (International Telecom Union), vormals CCITT, ist ein internationales
Gremium, das weltweit das Fernmeldewesen mit Ausnahme der Funkdienste
standardisiert. Es wurden bisher verschiedene Standards für folgende Bereiche
definiert:

Kommunikation: H.320 (Gesamtsystem), Einführung 1990
                 H.221 (Multiplexer, Bildgestaltung und Signalisierung)
                 H.230 (Kontroll- und Anzeigesignale)
                 H.231/243 (Multipoint-Conferencing)
                 H.233 (Verschlüsselung)
                 H.242 (Protokoll für den Verbindungsaufbau)
                 H.244 (Channel Aggregation)
                 H.323 (Bewegtbildkommunikation über lokale Netze)
                 H.324 (Bildkommunikation über analoges
                       Fernsprechnetz) Einführung 1996
                 I.400-Serie (ISDN-Netzwerkadaptierung,
                       Schnittstellen und Protokolle)

Video: H.261 (Video Kodierung)

Audio: G.711 (56 und 64 Kbit/s bei Bandbreite 3,4 kHz)
                 G.722 (48 und 56 Kbit/s bei Bandbreite 7 kHz)
                 G.728 (16 Kbit/s bei Bandbreite 3,4 kHz)

Graphiken: JPEG / MMR
                 H.261 Annex D

Daten: T.120 (Datenübertragung im Rahmen von
                       Videokonferenzen) Einführung 1996

Systeme, die nicht nach diesen Standards arbeiten, bleiben zwangsläufig
Insellösungen. Sie können nur eingesetzt werden, wenn die gewünschten
Kommunikationspartner über identische Geräte verfügen. Da ein Schwerpunkt dieser
Diplomarbeit auf der Videokonferenz liegt, wird im nächsten Kapitel der H.261-
Standard näher erläutert.

6.3.1.   H.261

Der 1990 von der ITU definierte H.261-Standard wurde entwickelt um Videokonferenzen und Videotelefonie über 1 bis 30 ISDN B-Kanäle (64 Kbit/s pro Kanal) abzuwickeln. Der H.261-Standard wurde also für geringere Übertragungs-kapazitäten und im Hinblick auf die Qualitätseinbußen durch ISDN entwickelt. Da H.261 speziell für die Echtzeitkodierung definiert wurde, gibt es einen Hauptunterschied zu MPEG: Es fehlen die B-Bilder -> Kapitel 6.5.1. MPEG-1.

Der Videocoder besteht hier aus einem Quellen-, einem Multiplex- und einem Übertragungskodierer.

Der Quellenkodierer reduziert mittels des DPCM/DCT-Verfahrens die Redundanzen des Eingangssignals. Um Unterschiede zwischen den verschiedenen Fernseh-normen, PAL (Europa), NTSC (USA und Japan) und SECAM (Frankreich), zu umgehen, wurden als Eingangsformate das Common Intermediate Interchange Format (CIF) und das Quarter-CIF (QCIF) gewählt. QCIF (352 x 288 Pixel) wird, mit einer Bildrate von 5 - 15 fps (frames per second), für die Bildtelefonie bei niedrigen Datenraten angewendet. CIF (176 x 144 Pixel) hat eine Bildrate von 10 -30 fps und ist für Bildtelefonie sowie Videokonferenzdiensten höherer Qualität entwickelt worden.

Der Quellenkodierer erzeugt dabei zwei verschiedene Arten von Bildern: Inter-Frames und Intra-Frames. Die Intra-Frames sind Standbilder, die keine weitere Information brauchen um dekodiert zu werden. Bei Inter-Frames wird nicht das Bild selbst übertragen, sondern nur die Differenz zum vorigen Intra-Frame.

Der Videomultiplexkodierer empfängt die quantisierten DCT-Koeffizienten vom Quellkodierer und führt anhand von fünf VLC-Tabellen (Variable Lenght Codes) eine Variable-Length Entropiekodierung durch. Dabei werden extrem unwahrscheinliche, d.h. lange Codes, nicht eingefügt, sondern durch kurze Escape-Sequenzen ersetzt.

Desweiteren splittet der Multiplexkodierer den Bitstrom auf und versieht alle Teile mit korrekten Headern, die den Zusammenbau des "Bildpuzzels" wieder ermöglichen.

Der Ausgang des Multiplexkodierers besitzt eine variable Bitrate. Um eine konstante Bitrate von p x 64 Kbit/s zu erhalten, braucht es den Übertragungskodierer, der aus einem Puffer besteht, der mit einer konstanten Geschwindigkeit ausgelesen wird. Wird der Puffer zu voll, signalisiert der Multiplexkodierer dem Quellkodierer die Bitrate zu senken. Diese Senkung geschieht durch gröbere Quantisierung oder durch Auslassen von Frames.

Eine weitere Funktion des Übertragungskodierers ist das Hinzufügen von Audio- und sonstigen Daten.

[3]

6.4. CellB

Die Videokonferenz-Software Communique! von der Firma InSoft bietet neben den Videokompressions-Standards JPEG und H.261 den von SunMicrosystems entwickelten CellB-Codec an. Dabei benötigt CellB eine Minimal-Hardware-Ausstattung, aber auch größere Netzwerk-Ressourcen als z.B. JPEG. CellB basiert auf "block truncation" (Abschneiden der Stellen nach dem Dezimalpunkt) und Vektorquantisierung. Der CellB-Codec von InSoft hat die besondere Eigenschaft, daß er Videoformate dekomprimiert, die vorher mit einem anderen Format komprimiert wurden.

6.5. MPEG

6.5.1. MPEG allgemein (MPEG-1)

Der MPEG-Standard wurde 1992 von der Moving Pictures Experts Group von ISO/IEC entwickelt um Algorithmen zur Videokompression, der Audiokompression und der Synchronisation dieser beiden zu definieren. Grundlage des MPEG-Standards ist zum einen der JPEG-Standard und zum anderen der H.261-Standard. MPEG erzeugt im Gegensatz zu H.261 ->Kapitel 6.3. H.261 bei höheren Bitraten eine erheblich bessere Qualität. Die Qualität einer MPEG-1-kodierten Videosequenz ist ähnlich der eines VHS-Videos. Als Grundlage wurde eine Auflösung mit 352 x 288 Pixel/Frame und eine Bildfrequenz von 25 fps (frames per second) verwendet. Mit einer Kompression von 26:1 wird daraus ein Bitstrom von 1,5 Mbit/s (mit Audio).

Der MPEG-1-Standard ist ein Kodierungsverfahren für asymmetrische Anwendungen. Hierbei liegt der Aufwand zugunsten einer schnellen Dekompression bei der Kompression. Deshalb ist MPEG-1 für CD-ROM-Anwendungen sehr gut geeignet, aber weniger für eine bidirektionale Bewegtbildkommunikation.

Der komprimierte MPEG-Datenstrom ist als hierarchische Struktur aufgebaut, die aus sechs Schichten besteht:

- Im **VideoSequenceLayer** (Einheit für wahlfreien Zugriff auf den Kontext) befinden sich Signalisierungsinformationen wie z.B. Dimensionierung der Frames, Bildwiederholfrequenz oder die benutzten Quantisierungsmatrizen.

- Der **Group-of-pictures-Layer** (Einheit für wahlfreien Zugriff auf die Videodaten) besteht aus einer Gruppe von 6-8 Bildern, die nur Referenzen auf Bilder in der eigenen Gruppe besitzen, um das Editieren einer Videosequenz zu unterstützen.

- Der **PictureLayer** ist die primäre Kodiereinheit und enthält Synchronisations- und Typinformationen über das aktuelle Frame in der Group-of-pictures.

- Der **SliceLayer** teilt ein Frame in mehrere Slices auf. Bei Übertragungsfehlern kann bei der Rekonstruktion wieder bei Beginn eines Slices aufgesetzt werden, was bedeutet, daß nicht das gesamte Bild verworfen werden muß.

- Der **MakroblockLayer** enthält Luminanz- und Chrominanzdaten für die Bewegungskompensation (Daten über Helligkeit und Farbsättigung).

- Zuunterst sitzt der **BlockLayer**, der nur noch die 8x8-Blöcke mit DCT-Koeffizienten wie bei der JPEG-Kodierung enthält.

Eine Group-of-pictures besteht aus einer Anzahl von Bildern, die unterschiedlich kodiert sein können. MPEG-1 unterscheidet drei Arten von Bildern:

- **Intra-Frames (I-Frames):** Standbilder, die keine weiteren Informationen zur Dekodierung brauchen. Sie werden als Zugriffspunkte für wahlfreien Zugriff und schnelles "Vor- und Zurückspulen" verwendet.

- **Forward-Predicted Frames (P-Frames):** Die Übertragungsdaten des Bildes werden durch Differenzbildung zum vorherigen Referenzbild berechnet.

- **Bidirectional-Predicted Frames (B-Frames):** Mit der Kodierung dieser Bilder erreicht man die höchste Kompressionsrate, benötigt aber zur Berechnung sowohl ein vorheriges als auch ein zukünftiges Bild. Diese "interpolated Frames" interpolieren nicht erfaßte Flächen durch Bewegungskompensation (nur Differenz zum Referenzbild wird übertragen) und verringert dadurch eine Fehlerausbreitung.

Audio- und Videobitstrom werden ineinander verschachtelt übertragen, damit keine unnötigen großen Verzögerungen auftreten. Die Audiokodierung entspricht der Kodierung der Audiodaten einer DAT (Digital Audio Tape). Die Qualität wird durch unterschiedliche Abtastraten bestimmt:

- 48 kHz: Kodierverfahren kompatibel zu DAT
- 44,1 kHz: Kodierverfahren kompatibel zur Audio-CD
- 32 kHz: FM-Stereoradio Qualität

Zur eigentlichen Kodierung stehen prinzipiell zwei Verfahren zur Verfügung:

ASPEC (Adaptive Spectral Perceptual Entropy Coding)
und
MUSICAM (Asking Universal Subband Integrated Coding)

ASPEC ist für niedrigere Datenraten geeignet, MUSICAM für höhere. Die Basis des verwendeten Kodierverfahrens bildet ein psychoakustisches Modell, welches das menschliche Hörvermögen nachbildet. Dieses Modell dient zur Bewertung, welche Signalanteile, aufgrund fehlender Wahrnehmung (ein Geräusch wird z.B. von einem anderen, lauteren überlagert) weggelassen werden können und welche kodiert werden müssen.

Um höhere Qualitätsansprüche zu erfüllen, wie z.B. die Kodierung von Audiodaten in HiFi-Qualität oder größere Unempfindlichkeit gegen Verlust von Daten, wurde der MPEG-1-Standard erweitert.
[3], [4], [5]

6.5.2. MPEG-2

MPEG-2 wurde Ende 1993 für "Broadcast-Qualität" (also Fernsehübertragungen) spezifiziert. Bei diesem Verfahren wird das Gesamtsignal in spektrale Teilbänder aufgespaltet. Dadurch kann jedes Teilsignal gemäß seiner Signaleigenschaften individuell quantisiert und mit angepaßter Bitrate kodiert werden. Unempfindliche Spektralbereiche gegenüber dem menschlichen Auge können gröber quantisiert werden als empfindliche. MPEG-2 unterstützt die Kodierung von Videodaten mit Übertragungsraten zwischen 1,5 Mbit/s und maximal 60 Mbit/s und einer Auflösung von 720 x 576 Pixel/Frame und einer Bildfrequenz von 25 fps.

Der MPEG-2-Standard unterteilt verschiedene Kodierungsformen nach "Levels":

- High Level(1): 1920 x 115260 fps (frames per second)
- High Level(2): 1440 x 115260 fps
- Main Level: 720 x 57630 fps
- Low Level: 288 x 35230 fps

Um Standard-TV-Signale (wie z.b. PAL oder NTSC mit jeweils 768 x 484 fps) zu kodieren eignet sich also der Main Level.

[5]

6.5.3. MPEG-3

MPEG-3 wurde 1992 fallengelassen, da die Anforderungen und die Funktionalität für hochauflösendes Fernsehen (HDTV) in MPEG-2 integriert wurde.

[5]

6.5.4. MPEG-4

Es wird erwartet, daß MPEG-4 im Jahre 1998 ein internationaler Standard wird. MPEG-4 umfaßt Kodierverfahren für die audiovisuelle Kommunikation mit sehr niedrigen Bitraten, also für schmalbandige Netze (meist LAN, oder Telefonleitung per Modem) oder mobile Datenkommunikation. Mit MPEG-4 werden neue Funktionalitäten integriert. Es soll z.B. die Manipulation des Inhalts von audiovisuellen Daten erleichtert werden. Mit der Entwicklung einer deskriptiven Sprache und verschiedenen audiovisuellen Kodierungswerkzeugen wird der Einsatz von vielen inhaltsgesteuerten Dekodierungsalgorithmen ermöglicht.

[3], [5]

6.6. Bandbreitenbedarf bei Multimedia

Die folgende Tabelle kann Ihnen helfen, sich eine genauere Vorstellung über die Bandbreite, die eine Multimedia-Anwendung braucht, zu verschaffen.

Übertragung von	Bildauflösung (Pixel pro Bild)	Übertragungsbandbreite (1 Kanal Halbduplex)	Übertragungsbandbreite Videokonferenz (4 Teilnehmer)
ASCII-basierende Darstellung	40 x 80 Zeichen	0,0096 - 0,0144 Mbit/s	-
Graustufen-Bild	-	bis 1 Mbit/s	-
Farbbild	-	1-10 Mbit/s	-
Hochauflösende Farbbilder (CAD)	-	10-100 Mbit/s	-
Video (MPEG-1) (VHS)	352 x 288	1,15 Mbit/s	13,8 Mbit/s
Video (MPEG-2)	720 x 576	4 Mbit/s	48 Mbit/s
Video (MPEG-3) (HDTV)	1920 x 1080	20 Mbit/s	240 Mbit/s
Video (MPEG-4) (Videophone)	176 x 144	0,064 Mbit/s	0,768 Mbit/s
Videokonferenz	-	bis 1 Mbit/s für Bildausschnitt: z.B. sprechende Köpfe	
	-	1-10 Mbit/s kleiner Bildausschnitt, hohe Bildqualität	
	-	10-100 Mbit/s großer Bildschirm, hohe Qualität	

[4]

6.7. Netze

Während sich die Prozessorleistung und die Speicherausrüstung von PC's in den vergangenen zehn Jahren um den Faktor 100 steigerten, stiegen die Übertragungsgeschwindigkeiten der Weitverkehrsnetze "nur" um das 10-fache, in lokalen Netzwerken blieben sie (mit Ausnahme von FDDI-Netzwerken) gleich. [4]

6.7.1. LAN

Lokale Netze oder LAN's (Local Area Network) findet man in einem Gebäude oder einer Firma. Fast alle LAN's basieren heute noch auf den definierten Standards von Ethernet/IEEE 802.3 (1982) und Token Ring/IEEE 802.5 (1985), mit Übertragungsgeschwindigkeiten von 10 bzw. 16 Mbit/s.

Ein neuer LAN-Standard wurde Ende der achtziger Jahre mit FDDI (Fibre Distributed Digital Interface) geschaffen. FDDI baut auf einer Glasfaser-Ring-Topologie mit einer Übertragungsgeschwindigkeit von 100 Mbit/s auf.

Die Übertragung multimedialer Anwendungen über Datennetze erfordert neben hohen Bandbreiten auch ein Echtzeitverhalten. Diese Forderung können diese auf verbindungsloser Datenübertragung basierenden LAN's nicht erfüllen. Hochgeschwindigkeitsnetzwerke wie ATM (Asynchronous Transfer Mode) lösen dieses Problem. ATM kann, sowohl verbindungsorientiert, als auch verbindungslos, benötigte Bandbreite dynamisch zuweisen. Einem ATM-Netzwerk mit zehn Teilnehmern, von denen jedem die garantierte Bandbreite von 100 Mbit/s zur Verfügung steht, entspricht einem herkömmlichen LAN mit einer Bandbreite von 1 Gbit/s! [4]

6.7.2. WAN

Weitverkehrsnetze oder WAN (wide area network) bieten die Möglichkeit, Daten auf elektronischem Wege in alle Welt zu verschicken, bzw. mit anderen weit entfernten Personen am Computer zu kommunizieren.

Vor zehn Jahren begann die Datenübertragung mit Datex-P-Leitungen von 2,4 Kbit/s bzw. 4,8 Kbit/s. In der zweiten Hälfte der achtziger Jahre wurde das verbindungsorientierte ISDN (Integrated Services Digital Network) für die gemeinsame Übertragung von analogen und digitalen Informationsträgern von der Deutschen Telekom eingeführt. Ein ISDN-Basisanschluß (S_0) stellt über die zwei B-Kanäle je 64 Kbit/s, also insgesamt 128 Kbit/s zur Verfügung, wenn man beide Kanäle im Simplexbetrieb benutzt (beide als einen Kanal in eine Richtung).

Beim ISDN-Primärmultiplexanschluß (S_{2M}) mit 30 Benutzerkanälen können beliebig viele B-Kanäle zu einem gemeinsamen Datenkanal geschaltet werden. Das bedeutet eine maximale Kapazität von 30 x 64 Kbit/s = 2 Mbit/s. Allerdings werden statt 1 Einheit 30 Einheiten berechnet. Um die Bandbreite auch im WAN zu vergrößern, beschloß das CCITT (heute ITU) 1988 den Transportmechanismus ATM (Asynchronous Transfer Mode) als zukünftiges Weitverkehrs-Universal-Netzwerk zu unterstützen. ATM sorgt dafür, daß der "Rohstoff" Glasfaser mit der notwendigen Intelligenz ausgestattet wird.

Das Breitband-Kabelnetz der Deutschen Telekom ist August 1995 mit knapp 24 Millionen anschließbaren Haushalten und 15 Millionen Nutzern das größte der Welt gewesen. Bis dahin hatte die Deutsche Telekom in Deutschland 90.000 km Glasfasernetze verlegt. Bis Ende 1995 sollen mehr als 1,2 Millionen Haushalte angeschlossen gewesen sein.

Als Transportmechanismus steht an anderen Stellen das sogenannte MBone (Multicast Backbone) zur Verfügung. Dies ist ein virtuelles Netzwerk, das die gleichen physikalischen Netze und Kommunikationsprotokolle nutzt wie das Internet, aber speziell zugeschnitten ist auf Anwendungen, die eine Verteilung von Datenströmen nach dem sogenannten Multicast-Prinzip erfordern, d.h. von einer Datenquelle auf eine Vielzahl von Empfängern. Weitere MBone-Anwendungen sind z.B. Education-On-Demand, Videokonferenzen oder Video-On-Demand -> Kapitel 7. Anwendungen.

Eine Übertragung bis in die entlegensten Winkel der Erde kann auch über Satellit stattfinden.

[4]

6.7.3. Internet und WWW

Die Entwicklung des Internet begann 1957, als die USA nach Überlegenheit in der Militärtechnologie strebte. Die kalifornische Firma RAND wurde damals beauftragt, ein Konzept für ein militärisches Netzwerk zu entwickeln, das auch dann noch funktionsfähig bliebe, wenn durch ein Unglück ein Teil seiner Infrastruktur zerstört würde.

Auf diesem Konzept baute die ARPA (Advanced Research Projects Agency) die paketorientierte Datenübertragung auf (heute TCP/IP). ARPA nahm 1969 das erste paketorientiert arbeitende Netz in Betrieb (ARPANET), dem zwei Jahre später immerhin 30 Teilnehmer angehörten. Damals verwendete ARPANET noch kein TCP/IP; dies entstand im Zusammenhang mit dem Versuch, verschiedene paketorientierte Netze zu verbinden. Dieses "Internet-Projekt" führte 1977 zur Verbindung des ARPANET mit einem Satelliten- und einem Funknetz, sowie dem von XEROX-PARC entwickelten Ethernet über TCP/IP - das Internet war geboren.

1983 wurde das ARPANET selbst auf TCP/IP umgestellt. In diesen Jahren stießen immer mehr Netze zum Internet, etwa USENET, BITNET oder EUnet. Das Internet besteht aus vielen Teilnetzen, die von den verschiedensten Firmen und staatlichen Einrichtungen betrieben werden. Niemand kann das Internet kaufen, besitzen oder beherrschen. Um die Weiterentwicklung zu gewährleisten wurde 1991 die Dachorganisation ISOC (Internet Society) gegründet. Daneben koordiniert das NIC (Network Information Center) die Vergabe von Namen und Adressen im Internet, die von regionalen Organisationen durchgeführt wird.

Anwendungen die auf dem Internet laufen heißen Gopher, Archie, FTP, usw., oder auch WWW.

WWW steht für WorldWideWeb und bietet Informationen im Überfluß. Eine Firma kann sich selbst darstellen, oder eine aktuelle Preisliste ihrer Produkte sehr schnell auf den neuesten Stand bringen. Der Kunde hat die Möglichkeit des Preisvergleichs, der direkten Bestellung, der elektronischen Bezahlung und der Kontaktaufnahme. Bücher, Berichte, Artikel, ja ganze Datenbanken lassen sich vom heimischen Computer aus abrufen und bei Bedarf (zumindest auszugsweise) speichern.

Mit Hilfe von Suchmaschinen (sogenannten search engines) lassen sich Dokumente, die einen oder mehrere bestimmte Begriffe enthalten, auf der ganzen Welt aufspüren und am heimischen Bildschirm auflisten. Dadurch ist schon ein neues Berufsbild entstanden, dem des Information-Brokers. Gegen Bezahlung sucht dieser über den ganzen Globus gezielt und schnell nach allen Informationen über ein vorgegebenes Themengebiet. Das reicht von der Ermittlung einfacher Firmendaten, bis zur komplexen Patentrecherche, sowie Marktuntersuchungen. Die Nachbearbeitung der gefundenen Informationen nimmt dabei die meiste Zeit in Anspruch.

"Das Wissen der Welt at your fingertips" versprechen viele Online-Dienste. Die meisten Provider (in Deutschland sind das z.B. Compuserve, T-Online, Europe Online oder AOL) bieten neben ihren Online-Diensten, wie z.B. Email, ElectronicCash usw., auch eine Verbindung zum WWW an. Den physikalischen Kontakt hält der Privatmann heute meist mit dem eigenen Computer und einem Modem über das Telefonfestnetz der Telekom.

[9]

Um einen Überblick über die Kosten von Online-Diensten in Deutschland zu bekommen, ist auf der nächsten Seite eine Aufstellung der Provider, Stand März 1996, abgedruckt.

	AOL	CompuServe	Europe Online	eWorld	MSN	T-Online
Betreiber	America Online/ Bertelsmann	H&R-Block-Gruppe	Burda GmbH u.a.	Apple	Microsoft	Deutsche Telekom
Beginn	1995 (USA) 28.11.1995 (Euro)	1982 (USA) 1991 (D)	15.12.1996	1994	Okt. 1995	1984
Teilnehmerzahl	4 000 000 (USA) in Europa im Aufbau	3 700 000 (weltweit) 250 000 (D)	im Aufbau	Weltweit: 125 000 Deutschland: keine Angaben	Weltweit: 525 000 Deutschland: keine Angaben	1000 000 (Deutschland)
Angebote	Stern, Geo, TV-today, FAZ u.a. Lufthansa: Auskünfte, Buchungen sind geplant, Homebanking	Börsenauskunft Reiseauskunft Inforen Verlagsangebote Software Übersetzungs-dienst	Nachrichten Magazine Tagebuch Technik (Support) Web-Trip Impressum		Software Reiseauskunft Verlage Teleteaching (Microsoft Online Learning Institute)	Homebanking Homeshopping Börsenauskunft Reiseauskunft Telefonauskunft Verlagsangebote Datenbanken
Internet	ja, keine Zusatzkosten	ja, keine Zusatzkosten	ja, Bestandteil des Internet	ja, keine Zusatzkosten	ja, keine Zusatzkosten	ja, Zusatzkosten von 6,00 DM/Std.
E-Mail	ja, keine Zusatzkosten	ja, keine Zusatzkosten	–	ja, keine Zusatzkosten	ja, keine Zusatzkosten	ja, Zusatzkosten von 6,00 DM/Std.
Tarife: Grundgebühr	9,90 DM	19,95 DM	Einführungs-phase frei	15,00 DM	14,00 DM (129,00 DM jährl.)	8,00 DM/Std.
Freistunden	2 (10 im 1. Monat)	5		1	2	keine
Anschaltstunde	6,00 DM	4,95 DM		15,00 DM (4,50 DM bei Internet/E-Mail)	7,50 DM	3,00 DM (8–18Uhr) 1,20 DM (18–8 Uhr)
Internet	ja, ohne Preis-aufschlag	ja, ohne Preis-aufschlag	selbst Teil des Internet[2]	ja, ohne Preis-aufschlag	ja, ohne Preis-aufschlag	ja, Zusatzkosten von 6,00 DM/Std.
Kosten 20 Std.[1]	117,90 DM	94,20 DM		100,50 DM	149,00 DM	200,00 / 150,00 DM
Zugang	50 Einwahlknoten	13 Einwahlknoten	via Internet	künftig via Internet	14 Einwahlknoten	überall zum Ortstarif
Modem	ja	ja			ja	ja
ISDN	für 1996 geplant	teilweise			für 1996 geplant	ja
Sonstiges		eigne Homepages im WWW möglich (kostenlos)	Zugang Modem/ ISDN je nach Internet-Provider	Zugang Modem/ ISDN je nach Internet-Provider	nur für Windows 95	

[1] ohne Telefongebühr   [2] http://europeonline.com

Online-Provider in Deutschland, Stand März 1996, Bildquelle [V]

Wie die zukünftige Beeinflussung vom Internet auf die verschiedensten Lebens- und Arbeitsbereiche aussehen wird, zeigt die nächste Graphik.

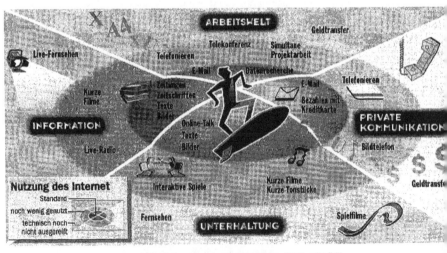

Das Internet und seine Einflüsse, Bildquelle [VI]

6.8. Bildschirm

Die Funktion des Bildschirms hat sich im Laufe der Zeit verändert. Bisher wurde der Computerbildschirm sehr oft als Werkzeug gebraucht, um eine Schrift zu erstellen, diese auszudrucken, einmal zu lesen, und dann wegzuwerfen. Der Monitor, beim Computer wie auch beim Fernseher, ist mittlerweile das Darstellungsmedium selbst geworden.

Allgemein ist festzustellen, daß am Monitor oberflächlicher gelesen wird, Fehler weniger bemerkt werden, und die rechte Muße wie beim Lesen eines Buches sich nicht einstellen will.

Die Software ist heute mittlerweile so ausgereift, daß ein digital erstelltes Dokument von einem traditionell gesetzten faktisch nicht mehr zu unterscheiden ist. Heute werden immer mehr Texte verfaßt, die nur noch für den Monitor vorgesehen sind. Das bedeutet eine größere Belastung für die Augen. Forscher sagen, daß die heutige Darstellung von Schrift auf einem herkömmlichen Bildschirm " so subtil sei, wie einen Liebesbrief mit dem Preßlufthammer zu schreiben". Neue Techniken, wie spezielle geglättete Schriftfonts und hochauflösende Displays, können dem ein wenig entgegenwirken.

Um der Vision von einem Multimedia-Fernseher oder einer Fernseh-Workstation oder wie auch immer die Bezeichnung sein mag, um diese Vision vielleicht eines Tages zu erfüllen, muß man sich einige Gedanken zu den Unterschieden von Computer- und Fernsehbildschirmen machen.

Computermonitore müssen in einigen Punkten höheren Ansprüchen genügen als TV-Bildschirme. Der wesentliche Unterschied liegt in der Ablenkung: nach der PAL-Norm für das europäische Fernsehen schreibt der waagrecht laufende Elektronenstrahl 25 mal in der Sekunde ein Bild von insgesamt 625 Zeilen. Das ergibt eine sogenannte horizontale Ablenkfrequenz von ca. 16 kHz. Ein Computerbild dagegen wird bis zu 70 mal mit 480 Zeilen geschrieben, das ergibt ca. 32 kHz. Bei TV-Monitoren wird diese Ablenkfrequenz nur benötigt, wenn die Bildwechsel auf 100 Hertz (50 Vollbilder pro Sekunde) verdoppelt werden.

Der Computerbildschirm ist für Naharbeit gemacht, bei der Details wichtig sind. An ihm wird versucht, die Bildpunkte (Pixel) möglichst in rechtwinkligen Rastern anzuordnen, um graphische Zeichen sauber darzustellen. Bei TV-Geräten war dies bisher nicht so wichtig. Die meisten Linien in einem Computerprogramm, z.B. die Ränder von Fenstern, sind auf dem Fernseher nicht zu sehen. Je größer die Pixelzahl der Reihen und Spalten ist, desto höher ist die Auflösung und desto schärfer ist die Multimedia-Darstellung.

Durch unterschiedliche Phosphor-Beschichtungen könnte das Nachleuchten der Schicht am TV-Monitor, z.B. bei einer Mausbewegung, sofort zu Schlieren und damit zu einem unansehnlichem Bild führen.

Jedes Computerbild scheint "ruhig" zu stehen, während ein TV-Bild fast immer flimmert und unruhig ist. Die Ursache dafür ist neben dem 50-Hz-Flimmern die Struktur des Bildes, das in zwei Halbbildern gesendet und dargestellt wird. Dadurch wird jeder Punkt auf dem Bildschirm eigentlich nur 25 mal in der Sekunde angesprochen, was man z.b. an waagrechten Linien sehr deutlich als Flackern wahrnehmen kann. Aus den Halbbildern Vollbilder zu machen ist eine sehr aufwendige Operation, wenn es bei Bewegungen nicht zu schlimmen Bildstörungen kommen soll.

Ein Computervollbild hat etwa 640 x 480 Pixel (ca. 72 dpi, dots per inch). Um mit den Farben des Fernsehers mithalten zu können, müßte dieses Vollbild etwa 16 Millionen Farben haben. Dieses Bild belegt etwa 1 Megabyte Speicherplatz. Bei einer Videosequenz mit der Geschwindigkeit von 30 fps würde der Computer also jede Sekunde 30 Megabyte "bewegen".

Mit einer TV-Converter-Karte im Computer kann man den Fernseher an den Computer anschließen.

Ein Computerbildschirm besteht aus etwa 1 Million Bildpunkten (Pixel), wobei im Falle eines Farbbildschirms jeder Bildpunkt über 3 Bytes (24 Bits) angesteuert wird. Es werden also 24 Mbit übertragen. Im Fall einer ISDN-Leitung (64 Kbit/s) braucht der Bildaufbau 6 Minuten !!!, im Falle von 155 Mbit/s (ATM, Asynchronous Transfer Mode) dauert es 0,15 Sekunden.
[2], [4]

6.9. Präsentations- und Autorenprogramme

Wie werden multimediale Programme - welchen "Output" sie auch immer produzieren - überhaupt realisiert?

Multimedia-Anwendungen auf CD-ROM und Angebote im WWW setzen sich aus den Zutaten Text, Ton, Graphik, Video, Animation und Interaktion zusammen. Nach deren Bearbeitung mit den entsprechenden Applikationen werden die Quellendaten zusammengeführt. Dies erfolgt mit einer Präsentations-Software oder einem sogenannten Autorensystem, das wie ein Dirigent in einem Orchester alle Einzelstimmen aufeinander abstimmt und zu einem harmonischen Ganzen zusammenfügt. Sie bieten so etwas wie einen Rahmen und Klebstoff, um Inhalte unterschiedlichen Ursprungs zu einem Ganzen aus einem Guß zu integrieren.

Während Präsentations-Programme meist nur eine selbstablaufende Präsentation erzeugen, können Autorensysteme verschiedene Outputs liefern. Präsentations-Programme arbeiten meist bildorientiert und bieten für Schriften und Darstellungen entsprechende Effekte an. Autorensysteme sind in der Lage, auch größere Projekte abzuwickeln, die keinen linearen Verlauf aufweisen, und deren Ablauf durch **interaktive** Eingaben des Anwenders mehr oder weniger beliebig verzweigt werden kann.

Das nachfolgende Schema stellt symbolisch die Funktionsweise von
Autorensystemen dar .

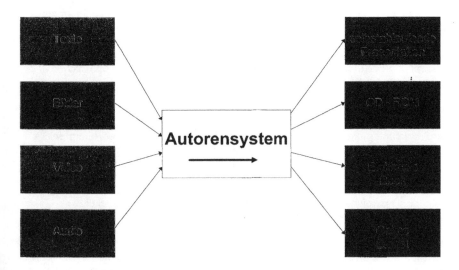

[7]

7. Anwendungen

Multimedia ist der Sammelbegriff für alle möglichen Techniken, die es nicht erst seit heute gibt, und die uns das Leben erleichtern sollen. Multimedia liefert zum ersten Mal in der Geschichte der Menschheit zuerst die Technik und dann die Idee. Erst seit kurzem macht man sich Gedanken, sinnvolle Anwendungen zu finden, die sich auch wirtschaftlich vermarkten lassen. Multimediale Anwendungen ermöglichen die Zusammenarbeit mehrerer Benutzer über beliebige Entfernungen in öffentlichen und geschlossenen Netzen.

Education-On-Demand, Edutainment

Der Frontalunterricht ist schon seit längerem im Visier pädagogischer Reformer. Sie fordern mehr Selbstständigkeit beim Lernen und eine Umgebung, die Neugierde, Kreativität und Wissensdurst weckt. Was der Lerner selbst herausfindet, behält und nutzt er auch viel intensiver als das, was er nur gesagt bekommt. Der Lehrer soll nicht mehr Spender auswendig zu lernender Weisheiten, sondern Berater und Trainer bei lehrreichen Entdeckungsreisen sein, und sich individuell an die Fähigkeiten des Lerners anpassen.

Bei Lernprogrammen von CD ist der Lerner aktiv, das Programm kann sich in gewisser Weise an sein Arbeitstempo und seinen Stil anpassen. Lernen ist dann möglich, wenn es gebraucht wird, und nicht, wenn ein Kursanbieter gerade einen Platz frei hat. Diese Form des Lernens wird auch als ComputerBasedTraining (CBT) bezeichnet. Kommt das Wissen auf individuelle Anfrage hin von einem Server, der viele Anwender über das Netz versorgt, so spricht man von Education-On-Demand.

Schüler und Lehrer haben die Möglichkeit vom Server der Landesbildstellen Graphiken, Fotos, Text- und Musikdokumente, sowie Videosequenzen für den Unterricht abzurufen. Der Lernstoff kann dabei "spielerisch" erlernt werden. Diese Wissensvermittlung nennt man auch Edutainment.

Universitäten, kommerzielle sowie allgemeinnützige Bildungsinstitute bauen kräftig am elektronischen Campus. In verschiedenen Online-Diensten und Datennetzen öffneten bereits die ersten virtuellen Schulen ihre Pforten, die Schüler wie Lehrer immer unabhängiger von Standorten und Kurszeiten machen. Als Ergänzung ihres Ausbildungsprogramms veranstaltet z.B. die Hagener Fernuniversität Online-Tutorien über das Internet.

Besitzt der Lernwillige einen Anschluß an eines dieser Netze, so kann er auf elektronischem Wege seine Hausarbeiten abliefern, gemeinsam mit anderen Kursteilnehmern (online) oder allein (offline) Aufgaben lösen, und die vom Lehrer korrigierten Übungen wieder entgegennehmen. Dem Studenten stehen Bibliotheken mit Unterrichtsmaterialien und digitalisierten Büchern, sowie ein "schwarzes Brett" zum gegenseitigen Informationsaustausch zur Verfügung. Zusätzliche Unterstützung zur virtuellen Schulung bieten Unterrichtsbücher-, -audiokassetten, -videos, und manchmal sogar eine tutorielle Betreuung.

Seit dem Frühjahr 1996 wird das Projekt "TeleTeaching" von den Universitäten Heidelberg und Mannheim durchgeführt. Dabei werden einzelne Lehrveranstaltungen online (d.h. live über ATM mit 34 Mbit/s) zur jeweiligen benachbarten Uni exportiert. Die beiden Hörsäle sind mit jeweils zwei Kameras ausgestattet: eine ist auf den Dozenten gerichtet, die andere auf die Studenten. Anstelle des sonst üblichen Overhead-Projektors bildet eine Multimedia-Workstation mit einem Großbild-Projektor die vorlesungsbegleitenden Folien ab. Dieser kann auch Grafiken oder Videos zeigen, ein entsprechender Projektor im Hörsaal der anderen Uni zeigt jeweils dasselbe. Die Nachbarstudenten "sitzen mit im Saal", ihr Bild wird an eine Wand projiziert. Über ihren Video- und Audiokanal ist es ihnen ferner möglich, aktiv am Geschehen teilzunehmen, z.B. Fragen an den Dozenten zu stellen, oder mit anderen Vorlesungsteilnehmern zu diskutieren. Für ein späteres Projektstadium ist geplant, in Seminarräumen und Hörsälen für jeden Studenten einen Rechner z.B. für Übungsaufgaben bereit zu halten.

Feste Kurszeiten können für deutsche Interessierte zu einem Problem werden. Beginnt ein Kurs um 20 Uhr Ortszeit in Amerika, so ist es hierzulande 3 Uhr morgens.

Man sollte allerdings nicht ohne genaue Abwägung die Schulungsmöglichkeiten von Multimedia an jede Person herantragen. Kinder erliegen allzu leicht der Faszination des Computers und drohen darüber den Bezug zur Realität zu verlieren. Ältere Menschen haben oft von vornherein eine Abneigung gegen Computer und alles was damit zu tun hat.

[9]

Audio-On-Demand

Es gibt spezielle Radiosender, die ihr Programm nur im Internet anbieten. Dabei kann man Musiktitel selbst wählen, Nachrichten nach den gewünschten Themen zusammenstellen lassen, oder online an einem Quiz teilnehmen.

Audio-CD's können bereits heute schon im Internet ohne Einzelhandelsspanne billiger angeboten werden. Die Industrie hat Angst, daß Künstler ihre Musik im Internet, vorausgesetzt, es wird ein weltweit geltender Abrechnungsmodus gefunden, selbst vertreiben könnten. Der Musiker und Schauspieler Herbert Grönemeyer z.B. , der das Internet als Privatperson zur Kommunikation mit seinen Fans nutzt, bietet hier exklusiv einen nur im Internet vertriebenen Song an.

Video-On-Demand

Video-On-Demand (VOD) bedeutet: Auf einem zentralen Videospeicher, Videoserver genannt, werden Filme digital abgespeichert und können von den angeschlossenen Zuschauerkunden von zu Hause aus über das existierende Kommunikationsnetz individuell abgerufen werden. Beim Zuschauer ist dazu eine sogenannte Set-Top-Box neben dem Fernsehgerät nötig, die die ankommenden digitalen Daten decodiert und auf dem Fernsehbildschirm darstellt.

Für VOD sind riesige Datenmengen zu speichern und zu übertragen. So würde ein 2-stündiger Film bei einfacher Digitalisierung eine Speicherkapazität von 200 Gigabytes voraussetzen, das entspricht etwa 300 CD-ROM. Mit einer Komprimierung -> Kapitel 6.5 MPEG kommt man zu einer Datenverringerung bis zum Faktor 100. Mit 1,5 Mbit/s wird der Film dann zum Zuschauer übertragen.

Um Engpässe beim Zugriff auf eine bestimmte Festplatte zu vermeiden (wenn viele Zuschauer plötzlich den gleichen Film sehen wollen), verteilt man die Videos beim Speichern gleich auf mehrere Festplatten (Striping). Jeder Kunde bezahlt die Kosten für die kurzzeitige Nutzung des Speicherplatzes und für die Übertragungsgebühr.

[2]

Interaktives Fernsehen

Der Zuschauer kann beim Live-Broadcasting in Zukunft durch Eingaben bestimmen, wie der Verlauf des Films weitergehen soll. Oder er kann direkt zusätzliche Informationsbeiträge zum Film abrufen. Bei Game-Shows können die Zuschauer abstimmen und das Ergebnis sofort sehen.

TV-Guide, Programmnavigatoren

Derzeit können nur etwa 30 Fernsehprogramme übertragen werden. Bei einer Digitalisierung bis zum Teilnehmer, wird die Kapazität auf ca. 200 neue Programme vergrößert. Das Programmangebot kann nur mit einem Programmnavigator überschaubar gemacht werden.

Teleshopping

Waren werden auch direkt über das Internet verkauft. Als Zahlungsmittel eignen sich im Augenblick am besten Kreditkarten.

Health Care (Gesundheitsvorsorge)

Ein Teilnehmer kann sich von zu Hause aus medizinisch beraten lassen. Dabei wird eine Videokonferenz mit einem Arzt geführt.

Telemedizin

Für viele medizinische Anwendungen kann ein Video mehr zu einer präzisen Diagnose und Behandlung beitragen als ein Foto, vor allem bei sich bewegenden Organen oder Körperteilen (Herzschlag). 3D-Simulationen erlauben das "Wandern" im Inneren des Körpers. Schwierige Operationen können erst am Computer geübt, oder sogar aus der Ferne ausgeführt werden. Computergestützte Analysen sind sehr schnell. Dies erspart dem Patienten noch längere Krankenhausaufenthalte in der Erwartung von Testergebnissen. Während eines Notfalltransports werden schon EKG und Ultraschallbilder digital ins Krankenhaus überliefert, der Rettungssanitäter diskutiert schon mal per Videokonferenz mit den Klinikärzten erste Maßnahmen.

Teleworking

Der Arbeitsplatz muß nicht mehr in der Firma sein, sondern die Arbeit kann von zu Hause aus am PC erledigt werden.

Computer Supported Collaborative Working (CSCW)

Computerunterstützte Gruppenarbeit (CSCW) ist ein Ansatz, welcher zu flexibleren Formen der Zusammenarbeit führen kann. Experten können an verschiedenen Orten an einem gemeinsamen Projekt arbeiten. Sie diskutieren per Videokonferenz. Das Ergebnis ist ein komplexes Dokument, das jeder der Experten gleichzeitig bearbeiten kann. Konstruktionszeichnungen sind von Anfang an elektronische Dokumente, die in multimedialer Umgebung, von verschiedenen Standorten aus, gleichzeitig, als 3D-Modell dargestellt, gedreht und bearbeitet werden können. Diese interaktiven Tätigkeiten werden auch als Multimedia-Collaboration oder Joint Editing bezeichnet.

Die CSCW-Forschung beschäftigt sich mit der Durchdringung der Arbeitswelt durch den Personalcomputer, der Vernetzung von einzelnen Arbeitsplätzen, der wachsenden Bedeutung von Gruppen und Teams, sowie der Globalisierung der Märkte und der daraus resultierenden Veränderung der Arbeitswelt. Ein wichtiger Bestandteil sind soziologische Betrachtungen wie z.B. die Definition von Gruppe, Team, Gruppenarbeit, Koordination, Kooperation, sowie die Klassifikation von einzelnen CSCW-Applikationen. Eine sehr detailliertere Auseinandersetzung mit CSCW finden Sie in [11] der Literaturliste.

[11]

Videokonferenz

Videokonferenzen können vielfach unterstützend eingesetzt werden: für Finanzakrobaten an der Börse, Kunden am Geldautomat, die schnelle Problemlösung unter Einsparung von Zeit und Reisekosten, Mitarbeiter-Schulung, Weitere Informationen finden Sie im -> Kapitel 5. Videokonferenz.

Information Kiosks

Die Information Kiosks helfen den Firmen neue Mitarbeiter zu finden, oder ihre Kunden zu informieren.

Speditionslogistik

Die Fahrzeuge können durch multimediale Planung viel effektiver eingesetzt werden, teure Leerfahrten werden reduziert. Kunden können über das Internet anhand der Vorgangsnummer jederzeit abfragen, wo sich ihre Sendung augenblicklich befindet.

Surveillance Systems (Überwachungssysteme)

Überwachungssysteme ermöglichen die Visualisierung von komplexen Prozeßabläufen anhand aktueller Prozeßinformationsdaten. Die Visualisierung erfolgt durch Animation, Bewegtbild und Audio. Mögliche Störfälle können rasch erkannt und analysiert werden. Ein multimediales Servicehandbuch unterstützt das Servicepersonal bei der Behebung der Fehlerursache.

Geographic Information Systems (GIS)

Diese Systeme stellen Daten über Land, Städte, Straßen und Bodenschätze usw. zur Verfügung. Mit diesen Daten kann man die Verkehrstelematik, die Städteplanung oder den Umweltschutz unterstützen.

Telefonieren über das Internet

Es gibt unterdessen zahlreiche Firmen, die Softwarelösungen für das Telefonieren über Internet entwickelt haben. Hardwarevoraussetzung ist eine ISDN-Karte und am besten ein ISDN-Telefon. Zusätzliche Optionen wie Gesprächsmitschnitte, Komfortanrufbeantworter oder ein voicemail-System mit Sprachführung und Spracherkennung sind denkbar. Dabei wird die erst kürzlich zum europäischen Standard definierte Schnittstelle CAPI eine wichtige Rolle spielen.

Weltweite Ferngespräche können zu Inlandtarifen geführt werden, sogar zum Ortstarif, sofern sich in der Nähe ein Internet-Einwählpunkt befindet. Das bringt Einsparungen für längere (vorher vereinbarte) Auslandsgespräche, besonders Überseegespräche.

Sehr gewöhnungsbedürftig ist der Gesprächsablauf: Das Telefonieren über Internet läuft wie mit einer Wechselsprechanlage über Mikrofon und Lautsprecher am PC, noch dazu mit Wartezeiten von mehreren Sekunden. Da das Internet ein offenes Netz ist, sollten vertrauliche Gespräche nicht damit geführt werden.

weitere Anwendungen von Multimedia sind:

- Multimedia-Archive

- Flugsimulator

- Filmanimationen, die so echt wie mit der Kamera gefilmt aussehen

- Telebanking

- Reise buchen

- Fahrplanauskunft

- Nachschlagewerke, Kataloge, Museumsführer und Lehrbücher auf CD-ROM

- Informationsarchivierung für unsere Nachfahren auf CD-ROM

- Abenteuerspiele auf CD-ROM nach Spielfilmvorlagen

- Reservierungen

- Pizzaservice

- Kochrezepte

8. Zukunftsaussichten

"Multimedia ist nicht nur die Kombination von Text, Bild, Audio, Video, Animationen und interaktiver Software, es ist auch zum Hoffnungsträger für eine Branche geworden, die unter dem Eindruck eines immer härter werdenden Verdrängungswettbewerbs und einer stetig zunehmenden Marktsättigung nicht allein vom Verkauf immer ähnlicher werdender Hard- und Softwareprodukte überleben kann. Multimedia steht für einen neuen Industriezweig, dem in den nächsten Jahren nicht nur phantastische Zuwachsraten vorausgesagt werden, sondern der die Unterhaltungs- und Consumerindustrie revolutionieren, unsere Arbeitswelt verändern und dabei neue Berufs- und Ausbildungsfelder schaffen wird." (Zitat von Jochen Schmalholz, Manager CD-ROM Titel bei Apple Computer GmbH [12])

Ein neues Berufsbild ist z.B. der Informationsbroker. Dieser besorgt nach Auftrag Informationen über bestimmte Themen. Das Bild des Informatikers wird sich z.B. ändern. Er muß sich mehr mit dem Kunden auseinandersetzen, um kundenorientierten Service bieten zu können. Der Informatiker wird zum Verkäufer seiner Ideen. Generell tritt die reine Programmierarbeit immer mehr in den Hintergrund. Es sind verstärkt kreative Elemente gefragt. Dazu werden sogenannte Autorensysteme eingesetzt, die die Entwicklungsplattformen für multimediale Anwendungen darstellen -> Kapitel 6.9. Präsentations- und Autorensysteme.

8.1. Neuentwicklungen

Im "Büro der Zukunft" wird es Prognosen zufolge keine getrennten Arbeits- und Kommunikationsgeräte mehr geben. Mit einem multifunktionalen PC als Schaltzentrale, der über leistungsfähige Datennetze mit anderen Rechnern verbunden ist, sollen künftig alle anfallenden Aufgaben, wie z.B. Telefon, Fax, Kopierer, Registratur, Archiv, usw., bewältigt werden können.

Im Privatbereich mutiert der Fernseher der Zukunft zum digitalen Programm-Kiosk. Die Mitwirkung bei einer laufenden Game-Show vom eigenen Fernsehsessel aus ist dann möglich.

Der Information Highway, die Datenautobahn (ein digitales Netz, mit extrem hoher Übertragungskapazität), wird in weiter Zukunft so real und allgegenwärtig wie die Elektrizität sein.

Probleme bei Teleworking sehen Skeptiker vor allem in einer möglichen Änderung des Sozialverhaltens unter den Anwendern, sowie in den damit verbundenen Möglichkeiten der Betriebe, eine stärkere Kontrolle auszuüben.

"Die Angebote, für die der User bereit ist zu zahlen, müssen erst noch geschaffen werden", sagt Nico Köpke, Sony Music New Media European Coordinator, in der Zeitung Horizont 10/96 vom 8.3.1996.

Multimedia über Mobilfunk ist in begrenztem Umfang schon möglich. Allerdings "beträgt die Übertragungsrate bei Mobilfunk im Datenbereich nur einen Bruchteil dessen, was über Festnetz (beispielsweise ISDN) möglich ist. Aus diesem Grund werden Multimedia-Anwendungen, die auf Bildübertragung oder gar Bewegtbilder basieren, über Mobilfunk nur sehr begrenzt realisierbar sein." (Zitat von Dr. Joachim Dreyer, Vorsitzender der Geschäftsführung der debitel Kommunikationstechnik GmbH & Co.KG, 1995 [12])

Mittlerweile zeigten Bosch und die Deutsche Telekom AG Anfang Februar 1996 als Weltpremiere eine absolut sichere Bewegtbilderübertragung in fahrende Fahrzeuge. Dies geschieht mit dem DAB-Verfahren (Digital Audio Broadcast) auf der Basis von COFDM (Coded Orthogonal Frequency Division Multiplex), das auch bei digitalen Videosignalen eine mehrwege- (Überlagerung von elektromagnetischen Wellen, die zu Signaleinbrüchen führen) -unempfindliche Modulation bietet. Als Komprimierungsverfahren wird MPEG-2 eingesetzt -> Kapitel 6.5.2. MPEG-2.

Nach einem Bericht der VDI-Nachrichten vom 03.05.1996 haben sich die an den DAB-Pilotprojekten beteiligte Deutsche Telekom AG und die DAB-Plattform e.V. auf einen gemeinsamen Übertragungsstandard für Multimediadienste geeinigt. Mit der Nutzung des sogenannten MOT-Protokolls (Multimedia Object Transfer Protocol) wird sichergestellt, daß die angebotenen Multimedia-Datendienste neben den digitalen Audioprogrammen von allen Gerätetypen empfangen werden können.

Eine zentrale Auswirkung der Globalisierung der Märkte ist der Trend zu verteilten Standorten, beispielsweise für Hauptsitz und Verwaltung der Firma (steuergünstig), Forschung und Entwicklung (qualifizierte Mitarbeiter verfügbar) und Produktion (günstige Arbeitskräfte). Dabei sind Videokonferenzen eine wichtige Stütze:

8.1.2. Zukunft Videokonferenzen

Das Betätigungsfeld von Videokonferenzen wird in der Kundenberatung im persönlichem Gespräch mit Blickkontakt liegen, in der Präsentation eines neuen Produktes im Key-Account-Management, in der Vorstellung eines Produkts oder einer Dienstleistung vor Kunden oder Interessenten, in der Verbesserung und Intensivierung der Öffentlichkeitsarbeit, sowie zur firmeninternen Kommunikation und Schulung.

Videokonferenzsysteme werden bald noch mehr Sonderfunktionen integriert bekommen, wie z.B. das Hinterlegen individueller Nachrichten, ähnlich wie bei einem Anrufbeantworter, eine Infobox zum Abruf von Dateien und Dokumenten für Gesprächspartner, sowie wichtige Verschlüsselungsoptionen.

Videokonferenzen, bei denen der Gesprächspartner einem selbst plastisch gegenübertritt, sind keine Utopie mehr. Mittels Datenkompression läßt sich die stereoskopische Bildinformation (3D) in den MPEG-2-Transportstrom einbetten.

An anderen Stellen wird an der Integration des räumlichen Schalls gearbeitet. Der Grundgedanke ist, die Richtqualität des Schalls zu verbessern, indem man eine regelmäßige Anordnung virtueller Schallquellen mit Hilfe digitaler Filter produziert. Hierbei werden nicht nur die Schallwellen berücksichtigt, die das Ohr auf direktem Weg erreichen, sondern auch die Wellen, die den Umweg über Reflexionen an Wänden oder sonstigen Objekten nehmen. Diese Möglichkeit kann natürlich auch noch andere Systeme, wie z.B. Flugsimulatoren unterstützen. [2]

8.2. Einflüsse von Multimedia

Positive Einflüsse hat Multimedia auf die Ökologie: Interaktivität ist eine energieschonende Kommunikationsform, die Transport- und Reisewege deutlich reduziert. Auch der Müll wird sich verringern.

Ungeklärte Einflüsse sind im Bereich der Rechtsprechung zu suchen. So verlangt die interaktive Zukunft gesetzliche Regelungen für den Datenverkehr. Fragen des Urheberrechts und des Rechts auf das geistige Eigentum sind den neuen Technologien anzupassen. Es ist notwendig, die Datenschutzbestimmungen zu überarbeiten, um die Privatsphäre und das Interesse an Nutzungsdaten voneinander abzugrenzen.

Negative Auswirkung von Multimedia könnte die Beschleunigung der schon vorhandenen Isolierungs-Tendenz sein. Interaktive Medien führen zwangsläufig zu einem Verlust an direkter interpersonaler Kommunikation und erschweren den notwendigen gesellschaftlichen Konsens weiter. Dem interaktiven Menschen des Jahres 2020 könnte die audiovisuelle Bildschirmwelt realer als die tatsächliche Welt erscheinen. In dieser Zeit wird jeder diskriminiert sein, der den Umgang mit Multimedia nicht beherrscht.

Schon heute können die Thai, die Japaner und Araber, selbst jene Slawen, die das kyrillische Alphabet benutzen, mit dem "globalen Netz" wenig anfangen. Dies kann man aber wieder als Herausforderung zur Beseitigung dieses Mißstands sehen.

Nach einer Studie (Veröffentlichung Juni 1996) der Burda Anzeigen-Marktforschung setzt sich die interaktive Zielgruppe aus der jüngeren Generation, den technischen Pionieren und Innovatoren und aus Führungskräften zusammen. Der Massenmarkt indes wird sich erst dann entwickeln, wenn die Bedienoberflächen selbsterklärend funktionieren. Zu den Verweigerern der neuen Technologie zählen im Augenblick noch die Generation der "Über-Vierzigjährigen", Personen mit konservativer Wertorientierung, Topmanager, die "es nicht nötig haben", sowie Handwerker, Hausfrauen, pflegende Berufe, also alle, die in ihrem Arbeitsfeld keinen PC einsetzen (wollen).

Diplomarbeit Michael Krippner
Multimedia - Die Technik für vernetzte Projekte

Als vorrangige Hemmnisse für telematische oder multimediale Investitionen nennen Firmen vor allem: geringe Produktreife, unzureichendes Produktangebot, fehlende Standards, zu hohe Entwicklungskosten, unzureichende Kommunikationsnetze und hohen Aufrüstungsaufwand. Dagegen erwarten sie als positive Wirkung von Multimedia: schnellere Kommunikation, höhere Produktivität, größere Arbeitsfreude und mehr Kreativität. [13]

Für die Informationssuche in einem Papierarchiv hat das Sulzbacher Beratungsunternehmen Andersen Consulting errechnet, daß pro Blatt zwischen fünf und zehn Deutsche Mark anfallen.

Nach einer Studie des amerikanischen Marktforschungsinstituts Coopers & Lybrand entfallen heute 53% der qualifizierten Arbeitszeit in den Büros auf Administration, Ablage und das Suchen von Informationen. Nur 47% werden dagegen für wertsteigernde Tätigkeiten aufgewandt.

Die Lagerung von 1 Megabyte Daten kostet in Papierform rund 15 DM, bei einer optischen Platte liegt nach Berechnungen dieser Betrag nur bei 8 Pfennigen. [11] In wenigen Jahren wird das digitale Dokument mit rechtsgültigen digitalen Unterschriften das Original sein, während Papierausdrucke nur noch zweitrangige Bedeutung haben werden. (Bill Gates, Microsoft-Chef, Buch: "Der Weg nach vorn")

Wirtschaft und Verwaltung geben in Deutschland jährlich 62 Milliarden Deutsche Mark für Geschäftsreisen aus. Dieser Betrag könnte durch den konsequenten Einsatz von Videokonferenzsystemen deutlich reduziert werden. Nach einer Berechnung des Fernmeldetechnischen Zentralamtes in Darmstadt lassen sich etwa 22% des Verkehrs auf unseren Straßen, rund 7 bis 15 Milliarden Personenkilometer im Jahr, durch multimediale Kommunikationsdienste substituieren. Dies hätte auch eine geringere Umweltbelastung zur Folge.

Die schnellere Verarbeitung von Informationen führt zu einem besseren Kundenservice und damit zu einer höheren Zufriedenheit bei den Kunden. Außerdem kann die schnellere Verarbeitung von technischen Dokumentationen den Zeitraum für die Einführung von neuen Produkten wesentlich verkürzen.

Neben linear oder baumartig strukturierten Dokumenten (Texte und Graphiken) werden die Daten zunehmend mit Methoden assoziiert und über dynamische Links miteinander verknüpft. Es entstehen sogenannte Hyper-Dokumente. Die Integration von multimedialen Inhalten und Hyper-Strukturen führt zum Begriff **Hypermedia**.

[11]

8.3. Denn sie wissen, was wir tun

Wie jede neue Technologie bietet Multimedia auch Möglichkeiten zum Mißbrauch, wobei dabei vor allem die Kommunikation über das Internet oder WAN betroffen sind. "Jede Aktion im Netz hinterläßt digitale Spuren. Die Vernetzung von Medizin, Wirtschaft und Verwaltung bildet den ganzen Bürger als Datengestalt ab ..." [14], und macht ihn gläsern. Dem Netz, das nicht versteht, was für Informationen es übermittelt, ist alles egal.

Coca Cola beispielsweise führt alle Besucher ihrer Internetseiten über ein Formular, wo sie freiwillig ihre Adresse hinterlassen können.

Dem Datendiebstahl sind im Moment noch Tür und Tor geöffnet. Das im Internet gegen geringe Kosten (Shareware) erhältliche E-Mail-Programm DICS (Dialup Internet Connecton Services) meldete sich beim ersten Gebrauch über das Internet bei seinem Programmierer an, ohne daß der Anwender etwas davon mitbekam. War die 30-Tage-Testfrist abgelaufen, ohne daß eine Registrierung stattgefunden hatte, dann sendete der Host bei der nächsten Gelegenheit eine Meldung an das Programm, das darauf mit einem Protokoll der Benutzeraktivitäten antwortete. Diese Daten wollte der Autor verwenden, um zahlungsunwillige Anwender zu bekehren. Dieser Fall macht anschaulich, welche Gefahren die weltweite Vernetzung birgt. Das Programm hätte ja auch Paßwörter übertragen können, oder vielleicht das Inhaltsverzeichnis der Festplatte. Das Programm könnte dann heimlich dem Autor interessante Daten Stück für Stück übertragen. [9]

Laut VDI-Nachrichten vom 08.03.1996 lassen sich mit dem Netscape-Browser Navigator 2.0 regelrecht Spionageseiten im WWW programmieren. Der Navigator 2.0 arbeitet dabei mit sogenannten Java-Applets. Dies sind in WWW-Seiten eingebaute kleine Softwarepakete, die sich beim Zugriff auf die Web-Seite selbständig auf den Computer des Anwenders laden, um dort ein Programm auszuführen. Netscape hat diese Spionagemöglichkeit bestätigt und mit einer kostenlosen Zusatzsoftware reagiert: "Java Applet Security Manager", die dieses Problem löse.

Der Mensch hinterläßt die relevantesten Datenspuren heutzutage weder bei der Steuerbehörde noch bei der Volkszählung, sondern in den Computern der Versandhäuser und Fluggesellschaften, der Banken, Versicherungen und Mietwagenfirmen. Viele dieser Unternehmen lassen ihre Daten mittlerweile von sogenannten Outsourcern verwalten. Zu den größten Outsourcern gehört die Firma EDS, die 1984 an General Motors verkauft wurde. In Großbritannien bearbeitet EDS bereits die komplette Datenverarbeitung der Steuerbehörde und sie verwaltet Daten der staatlichen Gesundheitsfürsorge. In Südaustralien hat EDS die komplette Datenverarbeitung der Regierung einschließlich 140 Unterorganisationen bis zum letzten Bürgermeister-PC übernommen. In den USA betreibt EDS das Computersystem der Einwanderungsbehörde, das Grenzüberwachungsnetz, die automatische Fingerabdruck-Identifizierung und alles, was für die Erstellung der Green Card notwendig ist. Auch die Nationale Luftfahrtbehörde FAA, die Datenbank der Militärangehörigen, ein paar Krankenkassen und etliche Sozialprogramme verlassen sich auf EDS. [14]

Die Gefahr ist sehr groß, den Überblick im WWW zu verlieren. Wir ertrinken in Informationen und hungern nach Wissen. Wissenschaftler sagen: alle fünf Jahre verdoppelt sich inzwischen das Wissen der Menschheit, und in drei bis vier Jahren ist die Hälfte davon auch schon wieder veraltet - kaum erworben, wird Fachwissen zum Stoff für Historiker (TK aktuell 1/96).

8.4. Die Vorteile überwiegen

Der Computerwissenschaftler Joseph Weizenbaum sieht, in der VDI-Nachrichtenausgabe vom 29.03.1996, nichts als Sprachgeröll im weltweiten Internet. Zitat: " Was wir in der Welt herumschicken, sei es als Bits oder als Buchstaben in einem Buch oder einer Zeitung, sind Daten. Sie werden erst durch Interpretation zu einer Information, und diese hängt vom Empfänger oder Zuhörer ab".

Wie in anderen Technologie-Bereichen auch, liegt es an jedem selbst, inwieweit er sich Multimedia zunutze macht. Trotz der Abhörmöglichkeiten beim Telefonieren, ist das Telefon heute noch eines des meist genutzten Kommunikationsmediums der Welt. Das Potential von Multimedia ist riesengroß und noch lange nicht ausgereizt. Niemand wird sich dem Fortschritt ganz entziehen können, oder hat heute noch jemand einen Krankenschein?

Wer sich darauf einläßt, hat die Möglichkeit sich ein Stück mehr Lebensqualität zu schaffen. Bei richtiger Anwendung bringt Multimedia Zeit- und Geldersparnis, mehr Wissen und mehr Spaß.

Allerdings sollte man den Einsatz von Multimedia genau abwägen. Die Multimedia-Technologie allein ist noch kein Garant für bessere und schnellere Arbeit. Die bloße "Elektrifizierung" ineffektiver Vorgänge ist letztendlich kontraproduktiv. Wirkliche Produktivitätssteigerungen erreicht man nur durch eine Kombination von Hardware, Software und Veränderungen in der Organisation. Deshalb sollte am Anfang immer eine umfassende Organisationsanalyse stehen. Das Ergebnis von Untersuchungen zeigt, daß es Firmen und Verwaltungen gibt, die alleine durch eine Änderung der manuellen Vorgänge bereits ohne Technikeinsatz eine Zeitersparnis von 20% erreicht haben. Wenn danach Multimedia unterstützend integriert wird, läßt sich die Zeit- und Kostenersparnis noch weiter erhöhen.
[11]

Multimedia schafft neue wirtschaftliche Impulse und Perspektiven, die allen Wirtschaftszweigen zugute kommen. Die Gesellschaft wandelt sich von der Produktions- zur Informationsgesellschaft.

Wer heute noch behauptet, Multimedia hätte keine Chance, sich gegen die traditionellen Medien und Techniken durchzusetzen, der lebt in einer virtuellen Welt, ohne es zu merken...

Diplom.de

Die Diplomarbeiten Agentur vermarktet seit 1997 erfolgreich
Wirtschaftsstudien, Diplomarbeiten, Magisterarbeiten, Dissertationen
und andere Studienabschlußarbeiten aller Fachbereiche und Hochschulen.

Seriosität, Professionalität und Exklusivität prägen unsere Leistungen:

- Kostenlose Aufnahme der Arbeiten in unser Lieferprogramm
- Faire Beteiligung an den Verkaufserlösen
- Autorinnen und Autoren können den Verkaufspreis selber festlegen
- Effizientes Marketing über viele Distributionskanäle
- Präsenz im Internet unter **http://www.diplom.de**
- Umfangreiches Angebot von mehreren tausend Arbeiten
- Großer Bekanntheitsgrad durch Fernsehen, Hörfunk und Printmedien

Setzen Sie sich mit uns in Verbindung:

Diplomica GmbH
Hermannstal 119 k
22119 Hamburg

Fon: 040 / 655 99 20
Fax: 040 / 655 99 222

agentur@diplom.de
www.diplom.de

Diplom.de

- **Online-Katalog**
  mit mehreren tausend Studien

- **Online-Suchmaschine**
  für die individuelle Recherche

- **Online-Inhaltsangaben**
  zu jeder Studie kostenlos einsehbar

- **Online-Bestellfunktion**
  damit keine Zeit verloren geht

**Wissensquellen
gewinnbringend nutzen.**

**Wettbewerbsvorteile
kostengünstig verschaffen.**

www.ingramcontent.com/pod-product-compliance
Lightning Source LLC
La Vergne TN
LVHW092343060326
832902LV00008B/776